고석의 사명

대한민국의 정치 변화를 위한 새로운 도전

고석의 사명

대한민국의 정치 변화를 위한 새로운 도전

2024년 1월 5일 초판1쇄 발행
2024년 1월 25일 초판2쇄 발행

지은이 | 고석
교정교열 | 정난진
펴낸이 | 이찬규
펴낸곳 | 북코리아
등록번호 | 제03-01240호
주소 | 13209 경기도 성남시 중원구 사기막골로 45번길 14
우림2차 A동 1007호
전화 | 02-704-7840
팩스 | 02-704-7848
이메일 | ibookorea@naver.com
홈페이지 | www.북코리아.kr
ISBN | 978-89-6324-410-5 (03340)

값 20,000원

고석 지음

고석의 사명

대한민국의
정치 변화를 위한
새로운 도전

북코리아

어린 시절 가족사진 (1961.1.10)

서울에서 무안으로 이주한 후 무안 삼밭에서 (1967.7.20)

결혼식 및 폐백 (1988.12.25)

사법연수원 23기 동기들과 테니스장에서 (1992.5.24)

사법연수원 제주도 여행 (1993.12.5)

2008 성과분석회의 및 병과발전 토론회 (2008.12.12)

장군 진급식. 왼쪽이 육군참모총장 임충빈 대장, 오른쪽이 아내 (2009.1.1)

제8대 고등군사법원장 취임식 (2010.12.30)

2011 국제 안보 · 군사법 심포지엄 (2011.10.26)

고등군사법원장 재직 시절 집무실에서 (2011.11.10)

고등군사법원장 시절 열린 제1회 전국 고교생 모의 군사재판 경연대회 (2012.9.8)

제8대 및 제9대 고등군사법원장 이 · 취임식 및 장군 전역 기념식 (2012.12.28)

등 떠밀려 쥐띠 회장을 맡은 사법연수원 시보 생활 122
군법무관 전과 125

III. 보람과 애환의 군법무관 에세이 127

국가보안법 위반 사건 129
국회에 로비하여 긁어 부스럼 만든 주택조합 사건 133
상납고리를 밝히지 못하고 끝낸 ○○부대 경리 사건 134
공직은 청렴이 핵심이다 136
○○ 비자금 사건 139
국방부 장관에게 "추진력이 대단한 친구"라며 칭찬을 듣다 141
소위 '린다김' 스캔들 143
단합된 모습으로 S등급 성과를 받은 법무실 150
하나보다 둘이 좋고, 둘보다 셋이 좋다 152
비록 장군이라도 처벌은 합리적으로 이뤄져야 154
중견간부의 무고한 보직해임을 막다 157
한총련의 군내 불온서적 유포를 저지하다 158
국제 국가안보법 심포지엄 창설과 군사외교 160
군 최고법원인 고등군사법원장에 보직되다 164
로펌 변호사로 방위산업과 정부계약 분야 등 전문성 키워 166

CONTENTS

Ⅳ. 한미동맹과 K방산을 위한 헌신 171

전투기 추락사고로 K방산이 벤치마킹해야 할 부분 173

한미상호방위조약 제4조 '시설과 구역 공여 문제'를 다루다 175

한미 간 MOA 타결 과정에서 국익을 위한 고군분투 에피소드 177

주한미군 기지 이전사업과 'Y작전' 180

해외 무기체계 구매 관련 국제중재 소송 187

국제중재 패소에 따른 감사 및 수감 후 대통령 표창 192

애국심으로 밤새워 일했던 T-50 고등훈련기 연구개발사업 법률 지원 196

불합리한 감사원의 징계 요구 처분, 재심으로 명예회복 198

○○경계시스템 사업과 적정한 사업관리 202

방위산업 업무, 정부계약 업무의 전문성을 키우다 205

Ⅴ. 불의한 '2002 병풍공작 사건'의 고난과 시련 속에서 정의감과 용기로 얻은 승리 207

1998년 병역비리 사건 수사 경과 209

창군 이래 최대 병역비리 사건 적발 212

김대업 씨의 제안을 거절하다 216

병역비리 합수부 수사 준비, 그리고 수사팀에서 배제되다 218

2002년 병풍공작 사건의 전조들 222
김대업 씨를 고소하다 225
나의 진술조서가 누락되어서는 안 된다고 생각했다 228
병풍공작 가짜뉴스로 국회에서 당한 인격모독적 조리돌림 231
진실을 말했다고 인사상 불이익을 받아야 한다니… 235
정치보복 수사? 모함을 헤쳐 나오다 238
군사법 개악 시도를 막아내다 241
고난 속에 태어난 서울대 법대 박사학위 246
정직하고 성실한 조언이 죄가 될 수는 없다 248
김대업 씨의 주장이 근거 없다는 대법원 판결과 김대업 씨의 공개 사죄 251
가시밭길 사이로 사투 끝에 얻은 명예회복 255

VI. 나의 사명: 대한민국의 정치 변화를 위하여 259

1. 왜 하필 정치를? 261

나라와 사회로부터 받은 은혜를 조금이나마 갚고 싶은 소망 261
국민을 속이는 정치는 이제 그만! 좋은 정치 위해 한 알의 썩는 밀알이 되고파 263
누란의 위기에 처한 나라를 구하는 노력에 동참 265

CONTENTS

2. 내가 생각하는 한국의 미래와 방향에 대해 268

자유민주주의와 시장경제체제를 강고하게 유지해야 한다 268

평화를 지키려면 힘을 키우고 어떤 희생도 불사해야 한다 269

정의와 형평, 예외 없는 법치가 이루어져야 한다 270

국민 대통합의 시대를 열어야 한다 271

대통합은 우리 헌법과 국가의 정체성 확립에 뿌리를 두어야 한다 272

의회의 특권 폐지 또는 축소를 적극 검토해야 한다 274

'시장경제 원리에 입각한' 과감한 경제개혁을 관철해야 한다 275

미래세대의 희망과 비전, 그리고 노령인구를 위한 정치를 해야 한다 277

3. 시급히 해결해야 할 몇 가지 현안에 대해 279

국군조직법 개선 등 국방 개혁의 필요성 279

군사법 제도 재검토 282

에필로그 287

I

두메산골 소년에서 사관생도가 되기까지

1

우리 가족 이야기

— 해방 후 극심한 사상대립 속 우리 가족의 삶

우리 집은 증조부 때 잘살았다고 한다. 전국 각지에서 온 유생들이 집에 모이면 증조모님께서 그 선비들에게 밥을 지어 대접했다고 하니까 말이다. 그런데 조부님은 소아마비를 앓아 몸이 불편하셨다. 살림이 넉넉할 리가 없었다.

해방 후 좌우대립으로 전국이 어지러웠고, 마을에도 공산당원의 활동이 많았단다. 그에 동조하는 사람들도 많아 동네 안에서 사상 갈등이 심했다. 면사무소 직원, 심지어 경찰도 낮에는 민주주의, 밤에는 공산주의 편에 서서 양다리 걸치며 기회주의적으로 처신하던 시절이었다. 공산주의 활동하던 사람들이 저녁마다 회의한다고 동네 젊은 사람들을 불러 모아 강제로 사상 수업을 시키곤 했다.

조부님은 그런 사상에 물들면 안 된다는 생각이었다. 조부님은 5남 1녀인 자식들이 그런 곳에 가서 공산주의 사상에 물들지 않도록 신경을 많이 쓰셨다. 어떤 때는 자식들을 날이 새도록 붙잡아두고 옛날 역사 이야기며, 재미있는 이야기를 들려주시며 밖에 나가지 못하게 단속하셨다.

6.25전쟁으로 인민군이 내려왔을 때는 동네 머슴들이 죽창을 들고 무리 지어 다니며 공개 인민재판으로 젊은 청년들을 총살형에 처하기도 했다. 한번은 아버지가 읍내에 나갔다가 공산당원들에게 잡히고 말았다. 그들은 아버지 손을 보고 농촌에서 일하는 노동자 손이 아니라며 붙잡아 가두었다.

아버지를 외가의 먼 친척이 알아보고는, 이 사람은 부르주아가 아니라고 말해주어 간신히 살아돌아온 적이 있었다.

장남인 아버지를 거의 잃을 뻔한 일이 생기자 조부님은 우리 집 대나무 숲 밑에다 땅굴을 파고 무슨 일이 있을 때마다 가족들을 피신시켰다. 가끔 인민군이 총을 메고 마을에 오면 가족들을 땅굴에 숨겨놓고 조부님 혼자 태연한 모습으로 그들을 맞이했다. 다리를 절어 몸이 불편했으므로 그들도 별 의심 없이 잠시 둘러보고는 집에 있던 양곡 가마니를 뒤져가거나 닭을 잡아가기도 했다. 지금도 시골 우리 집 대나무 숲 밑에는 땅굴의 흔적이 있다.

서울 미아리에서 출생

조부님은 이러한 혼돈 속에서 불안한 심정으로 나날을 보내시다가 고향에 더 있는 게 너무 두려워 6남매를 모두 데리고 서울로 이주하기로 결심했다. 온 가족이 서울 미아리에 정착했다. 할머니와 어머니는 미아리 시장에서 채소 장사를 하시다가, 나중에는 국밥 장사를 하셨다. 큰 가마솥에 돼지머리를 푹푹 삶아 우려낸 국물에 국수를 풀고 돼지 내장과 머릿고기 등을 고명처럼 얹은 국밥이었다.

맛있다고 소문이 나서 장사도 잘되고, 수입도 꽤 짭짤했다고 한다. 인근의 서라벌 대학생들 단골이 많았다. 학생들이 돈이 없다고 하면 돈을 받지 않고 나중에 갚으라고 그냥 보냈다고 한다. 잘되는 식당이었지만 이처럼 공밥도 많고 딸린 식솔들이 많아서인지 그렇게 풍족하진 않았고, 그냥 굶지 않고 살 정도였다고 한다.

국밥집을 할 무렵 아버지는 늦은 나이에 군에 의무복무로 입대하셨다. 어머니는 조부모님을 모시고, 두 딸과 시동생 5남매의 뒷바라지를 혼자서 하셨다. 이때 나는 미아리 판자촌 다락방에서 셋째로 태어났다. 어린 시절 대부분을 전남 무안에서 보냈지만, 호적상 나의 출생지가 서울 미아리로 되어 있는 이유다.

조부께서는 아버지가 전역하자 시골로 다시 가자고 하셨다. 죽어도 시골에서 죽겠다며 계속 시골로 가겠다 고집을 부리셨다. 어머니는 장사 수완도 있었고, 국밥 장사도 제법 잘되어 서울에서 계속 살고 싶어 했으나 몸을 못 쓰는 시부모님만 시골로 가시게 할 수는 없는 노릇이었다. 어머니는 결국 며느리도 같이 가야 한다면서 조부모님과 함께 낙향하셨다.

— 조부님께 배운 정직과 정의감

시골로 다시 내려온 후 아버지께서는 객지에서 번 돈을 집으로 송금했고 명절 때가 되어야 집에 오시곤 했다. 어머니는 늘 밭에 나가 농사일을 하셔야 했으므로 두 분은 자식들의 교육에 신경을 쓸 겨를이 없었다. 그러다 보니 어린 시절 조부님으로부터 많은 영향을 받았다. 조부님은 손주들을 엄하게 교육하셨다.

조부님은 늘 "사람은 정직해야 한다", "하루를 살더라도 정의롭게 살아야 한다"고 강조하시곤 했다. 귀에 딱지가 붙을 정도로 늘 말씀하시던 조부님 덕분에 지금도 나는 어떤 일을 시작할 때 먼저 '올바른 일인가'를 따지는 버릇이 생겼고, 일을 해나가는 과정에서 '정직하고, 투명하게' 업무를 처리하는 습관으로 발전한 것 같다. 너무 자주 말씀하시곤 해서 잔소리처럼 들려 그때는 짜증이 많이 나기도 했지만, 지금 생각하니 정말 고마운 분이셨다.

초등학교 3, 4학년 때는 동네의 형들과 놀이를 하면 언제나 이겼다. 구슬치기를 하거나 딱지치기를 하면 내가 다 이겨 작은방 모퉁이 마루 위에 딱지와 구슬들이 수북이 쌓여있었다.

어느 날은 동네 형들 구슬을 다 땄는데, 형들이 십 원짜리 몇 개를 주고 다시 구슬을 찾아갔다. 나는 그 동전을 자랑하려고 그랬는지 조부님께 드리니까 "이게 웬 돈이냐?"고 물으셨다. 나는 "구슬치기해서 딴 돈이에요"라고 자랑스럽게 대답했다. 그러자 조부님은 "이놈의 자식! 어디서 그런 도박 근성을 배우고 왔느냐?" 하시며 종아리를 걷게 하고 회초리로 때리셨다. 그날 엄청나게 맞았던 기억이 있다. 나를 위해 가오리연, 방패연,

딱지, 썰매까지 다 만들어주시던 자상한 분이셨는데, 교육적인 면에서는 이처럼 엄하셨다.

중학교 때 한번은 저녁 먹고 동네 친구 집에 놀러 갔는데, 놀다 보니 시간이 늦어버렸다. 할아버지께서 사람을 시켜서 찾으라고 하셨나 보다. 찾으러 다닌 줄도 모르고 혼이 날까 봐 다른 친구 집에 갔었다고 거짓말로 둘러댔다. 할아버지는 순간 목침을 내게 휙 던지셨다. 팔뚝에 맞았는데, 그 후 한참 동안 팔에 멍이 새파랗게 들어버렸다.

그 멍을 볼 때마다 거짓말을 하면 절대 안 된다는 교훈을 얻었던 것 같다. 할아버지는 거짓말하는 것을 제일 싫어하셨고, 책임을 회피하려 하거나 도의에 어긋나는 짓을 하면 정말 엄하게 야단치셨다.

— 유년 시절 몸으로 체험한 인내와 끈기

나는 조부님 덕에 어릴 적부터 인내와 끈기, 그리고 강한 정신력, 성취욕, 불굴의 용기 등을 자연스럽게 체득했다. 조부님께서 내가 학교에 갈 때 "우체국에 가서 편지 부치고 오너라" 하고 심부름을 시키셨는데, 만일 내가 친구들과 놀다가 잊어버리고 그냥 오면 아무리 늦더라도 다시 우체국으로 가서 부치고 와야 했다.

병아리를 키우는 초봄이 되면 조부님은 토종닭을 키워 얻은 달걀을 살림 밑천으로 삼았다. 일부는 팔아 살림살이에 보태고, 씨알이 굵은 것들은 모아두었다가 무안읍 부화장에 맡겨 병아리로 태어나면 찾아오게 했다. 수십 마리가 들어 있는 궤짝 안의 갓 태어난 병아리들은 이동 중에 서로 밀리고 깔리면서 다리가 부러지거나 어깻죽지에 상처가 나는 경우가 많았다. 그러면 조부님은 왕복 이십 리가 넘는 학교를 막 다녀온 어린 초등학생 손주에게 온전치 못한 병아리를 쥐여주시며 바꿔오게 하셨다. 그럴 때마다 다친 병아리가 안타까워 군소리 없이 배고픔도 잊은 채, 병아리를 품안에 꼬옥 안고 다시 십 리가 넘는 길을 뛰기 시작했다. 만일 부화장 주인이 건강하지 않은 병아리를 줄 경우에는 또다시 같은 길을 반복해서 다녀와야 했다.

한번은 밤 11시가 넘어 집에 도착한 일이 있었다. 농사일에 지친 몸을 이끌고 어머니는 동구 밖까지 나와 아들을 기다리고 있었다. 아들이 혹시 무슨 사고라도 났을까 봐 안타까워하며 무사히 돌아오기만을 기다린 것이다. 어머니는 나를 보더니 울먹이며 그냥 꼭 안아주었다. 나는 그런 어머니의 모습이 이상해서 "엄마, 집에 무슨 일 있어요?"라고 물은 적이 있었다. 어린 초등학생에 불과한 아들이 먼 거리를 심부름 다니는 모습에 어머니가 안타까워 울고 있었다는 사실을 그때는 알지 못했다.

어린 나이였음에도 먼 거리를 갔다 오는 것이 당연하다고 생각했고, 어려운 일이라고 생각지 않았다. 오히려 아픈 병아리를 건강한 병아리로 바꿔와야 한다는 생각이 컸다. 건강한 병아리를 품에 안고 집에 돌아오면 고생했다는 격려의 말에 더 큰 뿌듯함과 성취감을 느낄 수 있었다.

나는 수십 리 길을 걸어서 다시 구해온 병아리가 고유의 깃털을 내며 성장하는 모습을 늘 유심히 지켜보고, 그것들이 건강하게 자라는 것을 즐거운 마음으로 정성스레 보살폈다. 이때 아무리 짐승이라도 정성을 들이면 그만큼 건강하게 잘 자란다는 것을 알게 되었다. 유년 시절의 나는 두메산골의 척박한 삶과 생활 속에서 강인함을 몸으로 체험하며 성장했다.

무안에서의 가난한 집안 살림

지금처럼 평화로운 시대에도 살기 힘든데, 일제 강점기를 겪고 또 6.25를 겪으면서 우리 집안 어른들의 고생은 말할 나위가 없었다. 사실 우리가 어릴 적 시대 상황은 누구나 다 어려운 시기였고, 넉넉한 집안이 별로 없었다. 그래서 찢어지게 가난해도 보릿고개만 무사히 넘기면 다행이라고 생각했다.

빈손으로 낙향한 조부님은 소아마비를 앓은 터라 농사일을 하기가 쉽지 않았다. 더욱이 젊을 적 자전거를 타고 고갯길을 넘다가 가슴팍을 다쳤는데, 상처 부위에 주기적으로 종기가 발생했다. 시골 병원에서 마취도 제대로 하지 않은 채 3~4년에 한 번씩 환부를 긁어내는 수술을 받아야 했다. 그러다 보니 노동일을 거의 하시지 못했다.

아버지는 군 전역 후 조부 대신 대가족을 부양하기 위해 객지로 나가 막노동일을 했다. 막노동으로 번 돈은 그대로 집으로 송금했고, 추석이나 설날 같은 명절날이 되어야 잠시 들르곤 했다. 조부님이 노동력이 없었으니, 아버지가 그 무거운 짐을 모두 지고 온 가족을 부양하느라 자기만의 인생은 없는 셈이었다.

아버지 일은 일정하게 수입이 있는 월급쟁이가 아니었기 때문에 늘 불안했다. 그래서 학교 납부금을 제때 못 내기도 했다. 농촌 일은 새벽부터 밤까지 손수 일해야 먹고사는데, 아버지가 객지 생활로 벌어 송금한 돈으로 일꾼을 사서 소작농으로 농사를 하니 무슨 이익이 있었겠는가.

안타까운 생활이었고, 가난한 살림이었다. 매년 고리의 이자가 붙는 빚을 갚아야 했기에 가족들의 넉넉하지 못한 생활은 나의 학창 시절 내내 계속되었다.

초등학교 5학년 때 교내 글짓기대회에 나가 상을 탄 일이 있었다. 내가 만든 글의 제목은 '보릿고개'였다. 그 내용은 대략 다음과 같은 것이었다.

> "… 세 살 난 막냇동생이 밥만 먹고 나면 똥을 싸면서 울어 엄마를 힘들게 하니 미워죽겠다. 그런데 밥을 지을 보리쌀이 없어 해외에서 원조 받은 밀을 가능한 한 얇게 깎아서 그것으로 밥을 지어 식구들에게 먹이니 어린 동생은 이것을 제대로 소화시키지 못하고 그대로 배설한다. 그래서인지 어린 동생은 똥꼬가 아프다고 운다. 사실 나도 아플 때가 있는데 동생을 미워한 내가 밉다. 앞으로 동생에게 더 잘해주어야겠다."

상추를 좋아하신 할머니

할머니는 열다섯 살, 할아버지는 열여섯 살 때 결혼하셨다. 할아버지는 어른 같고, 할머니는 아기 같다고 했다. 할머니는 엄청 고운 분이었다. 쪽 진 머리, 한복, 버선에 하얀 고무신, 화장을 안 해도 고우셨다. 머리 곱게 빗으시고 한복 차려입고 나가시면 기품 있어 보이고 고우셨다. 내 기억에 우리 할머니같이 고운 분을 본 적이 없다.

할머니는 평소에도 깔끔하셨다. 할머니 옷은 당신 손으로 직접 빨아 입으셨다. 집안을 늘 쓸고 닦고 하셨고, 고무신은 항상 하얗게 댓돌 위에 씻어 놓으셨다. 손자들에게 집안일을 시키지 않으셨는데, 나도 집안 청소를 해본 기억이 별로 없다.

할아버지는 할머니를 무척 아끼고, 귀하게 여기셨다. 할머니는 한국 여인의 순종의 미덕이 있으셔서 자기 의견을 내세우거나 나서지 않으셨다. 늘 할아버지 하시는 일에 공대하시고 그대로 따랐다. 어머니하고 사이도 좋으셨고, 손자들을 엄청나게 사랑했다. 할머니는 참 마음 편히 사신 것 같다. 돌아가실 때도 아들 무릎에서 돌아가셨으니 행복한 분이셨다.

할머니는 배를 위에서 아래로 절개하는 수술을 하여 배에 수술 자국이 크게 있었다. 배 속의 아기가 잘못돼서 그러셨다고 한다. 허리가 좀 굽은 모습이 떠오른다. 허리 아파서 무거운 것은 잘 들지 못하여 힘든 일은 하지 못했다. 힘들고 어려운 일은 며느리인 어머니 몫이었다. 할머니는 집에서 달그락거리면서 집안일을 주로 했다. 밭에 갔다 오시면, 어머니와 사이좋게 서로 등목을 하시곤 했다.

할머니께서는 상추를 그렇게 좋아하셨다. 그래서 집의 상추 농사에 집중하셨다. 마당 한쪽으로 텃밭이 조금 있었는데 가지, 호박, 마늘도 심었지만 겨울 빼고는 늘 상추가 심어져 있었다. '일곱 달 상추'라는 씨앗인데, 토종인지 상추씨가 열리면 말리고 털어서 다음 해에 또 심었다.

상추가 무성한 푸르른 텃밭에서 호미질하시는 할머니 모습이 지금도 눈에 선하다. 같이 일하시다가 할머니가 우스갯소리 하시면서 어머니와 함께 큰 소리로 웃으시던 모습이 눈에 선하다. 그러나 할아버지 앞에서는 우스갯소리를 안 하셨다.

한번은 어머니가 이웃이 상추를 부러워하기에 할머니 허락 없이 상추를 한 움큼 뜯어서 주었다가 할머니한테 얘기하지 않고 줬다고 혼나는 것을 보았다. 상추만큼은 할머니의 권리라고 생각하셨고, 그만큼 애지중지 하셨다. 나도 할머니를 닮았는지 상추를 좋아한다. 큰누이가 할머니를 생각하며 쓴 시다.

〈상추〉

점심에 상추쌈 드시고
졸고 계시는 할머니
모시적삼 땀이 배도록
텃밭 가득 가꾸신 일곱 달 상추
며느리가 허락받지 않고 뜯었다고
혼내셨다
텃밭은 할머니 놀이터
호미는 할머니 장난감
상춧대가 오르면 쫑을 다듬어

보리쌀 삶은 물에 담그신 불뚝김치
텃밭에 푸르른 사람 키우시던
내가 할머니 닮았네

__ 가족의 무거운 짐을 모두 짊어지고 고생만 하시던 아버지

아버지는 장남으로서 할아버지가 낳은 5남매를 모두 키우고, 가르치고, 시집 · 장가보내느라, 그런 다음에는 자신이 낳은 5남매를 교육하느라 무척 고생하셨다. 아버지는 오늘날 모든 국민이 차를 타고 다니는 경부고속도로와 경인고속도로, 지방도로에서 콜타르 냄새 뒤집어쓰고 도로포장하는 일을 하셨다. 고모부가 공사를 맡아오면 여동생 집에 기거하시면서 주로 객지에서 일하시며 돈을 벌어 부쳐주셨다. 아버지는 나이가 들어서도 필리핀에도 가시고, 리비아에도 가서 일하셨다.

아버지 일은 안정된 직장이 아니었기에 일거리가 없을 때는 한동안 소식이 없기도 했다. 그러나 추석이나 설날, 또는 아주 일손이 부족한 농번기에는 종종 아버지를 볼 수 있었다. 일 년에 서너 번은 오셨던가?

아버지는 노동일을 하셨지만 주위에서 '강남 멋쟁이'라고 그랬다. 인물도 좋으시고, 옷 태도 좋으시고, 그림도 잘 그리고, 노래도 좋아하셨다. 신체장애 때문인지 성격이 강하신 조부님과 달리 아버지는 여리고, 눈물이 많았다. 술도 가끔은 하셨다. 아버지는 예술 방면에 소질이 있었지만, 조부님의 반대로 하고 싶은 대로 하지 못하셨다.

한번은 막걸리 한잔하시고 불그스레한 얼굴로 집에 들어오셨는데, 석양을 등에 진 채 나를 보시며 "인생은 다 그런 거야"라며 엷은 미소를 지으며 쓸쓸하게 말씀하셨다. 무슨 연유로 그런 말씀을 하셨는지는 몰랐지만, 그때 아버지의 슬픈 모습은 지금도 기억에 생생하다.

아버지께서는 효자셨다. 욕심도 없고 착하신 분이다. 할아버지 말씀 거역 안 하시고 가족을 먹여살리기 위해 열심히 일하신 분이다. 한번은 아버지가 오랜만에 만난 동네 친구들과 윷도 놀고 화투도 치고 하시다가 너무 늦게 들어오셨는데, 할아버지가 지팡이로 아버지를 때리시며 나무라는 것을 보았다. 아버지 나이 48세 때였다. 장손에 대한 기대가 컸기 때문인지 아버지가 본을 보이지 않으시면 나이가 드셨어도 혼을 내셨다. 그럴 때마다 아버지는 잠자코 계셨다.

아버지는 우리를 아주 예뻐하셨다. 아버지가 집에 오신다고 하면 나는 일찍 학교에서 돌아와 아버지를 기다리곤 했다. 어떤 날은 집 밖에서 한참을 기다려도 아버지가 오지 않아 터덜터덜 집으로 혼자 돌아오기도 했다. 그때는 내가 철이 없었는지 아버지가 약속도 안 지키고, 어머니 고생만 시킨다고 원망했던 적이 있었다.

언젠가는 아버지라는 말을 몇 년간 안 하는 불효도 저질렀다. 아버지는 자신을 아버지라고 안 부른다며 남몰래 눈물을 흘리셨다고 한다. 어느 날 아버지 수첩 속에 내 사진을 넣고 계시는 걸 보고는, 뜨거운 감정이 복받쳐오는 것을 느꼈다. 그 이후로 아버지라는 말을 다시 하게 되었다.

〈강가에서〉

언제부터인지 금빛으로 반짝이는 강물은
도심을 휘감고 시간을 흐른다
갈대꽃 피어난 강가에서
아버지를 기다리며 부르던 노래
강물로 흘러가고
석양에 돌아오며 흘리던 눈물은
지금도 남아
이제는 먼 나라 가신 분
호젓한 산길에
한 떨기 이름 없는 꽃으로 피어났네
철없이 가슴 아프게 했던 일
남몰래 흘리시던 눈물
효도하지 못한 죄송한 마음
여름의 뒷자리
뭉게구름 피어나 강둑길을 걷는다

— 아! 나의 어머니

부잣집 막내딸로 태어난 어머니는 우리 집의 좋은 평판과 아버지의 선한 인상에 결혼을 흔쾌히 승낙했다고 한다. 어머니는 시집와서 조상 열네 분의 제사를 모시며, 시제도 모시고, 시부모님, 시동생, 자식들을 먹이고 입히며 열심히 사셨다. 그러나 가난한 장손집 살림으로 삶은 늘 고달팠다.

어머니는 남편과 떨어져 몸이 불편한 시부모님 봉양하며 5남매 자식을 먹여살리느라 참으로 고생이 많으셨다. 조부모님 밥상에 고기, 생선 안 떨어지게 올리고 떨어진 몸뻬를 기워서 입으며 산(山)색시처럼 사셨다. 그래도 어머니는 언제나 씩씩하셨다. 우스갯소리도 잘하시고, 아무리 힘들어도 늘 웃으셨다. 어머니께서는《천자문》,《명심보감》을 줄줄 외우셨다. 한문에 능통하신 외할아버지 무릎에 앉아 보고, 듣고, 배우셨다고 한다. 그리고《삼국지》, 특히 제갈공명 이야기를 자주 해주셨다. 입춘 날 어느 쪽에서 바람이 불면 농사가 잘 된다든지 못 된다든지, 은하수강에 무슨 구름이 끼면 비가 온다든지 등 기억은 잘 안 나지만 많은 이야기를 해주셨다. 암행어사 박문수 이야기, 방구쟁이 며느리 이야기, 단지에 손을 넣고 못 뺀 첫날밤 새신랑 이야기 등 셀 수 없이 많은 이야기를 들으며, 울고 웃으며 상상의 나래로 빠져들었다. 후에 어머니가 해주신 이야기가 TV 사극에 나오기도 해서 신기한 마음에 깜짝 놀랐던 적도 있었다.

어머니는 겨울이면 하루도 빠지지 않고 아침, 저녁으로 화롯불을 담으셨다. 나는 조부모님과 한 방에서 지냈는데, 이야기 듣다가 잠들려고 하면 어머니께서 담아주신 화롯불은 거의 꺼지고 초저녁엔 따뜻했던 방의 온기도 어느새 사라지고, 외풍이 거센 한옥 구들은 춥기만 했다. 차디찬 겨울 문풍지 우는 소리, 집 뒤 대나무 숲이 바람에 부대끼는 소리에 잠을 설쳤다.

보릿고개가 되면 자존심 강한 어머니시지만 외갓집에 식량을 얻으러 가야 했다. 내가 다섯 살 정도가 되었을 무렵 세 살 터울로 태어난 여동생을 등에 업은 엄마를 따라 이십 리 길을 걸어 외갓집에 간 일이 아직도 생각난다. 희미한 달빛은 있었지만 어둠으로 온 세상이 뒤덮인 어느 날 밤, 가족에게 먹일 곡식을 구하고자 분주하게 발걸음을 옮기던 어머니 뒤를 올빼미 소리를 들으면서 아장아장 끝없이 걸었던 기억은 지금도 아련하다. 외갓집 식구들은 차가워진 나의 뺨을 문질러 따스하게 녹여주면서 그 먼 길을 어머니 손잡고 따라온 나를 "장하다"라며 격려해주었다.

큰 외삼촌은 한의원을 하셨다. 어머니가 몸이 아프면 한약을 달여 주셨고, 침으로 치료도 해주셨다. 둘째 외삼촌은 이웃 동네에 사셨는데, 여동생이 어렵게 사는 걸 알고는 쌀가마를 자주 가져다주셨다.

농로가 나기 전이라 청임재 고개를 넘어서 직접 지게로 져다주셨다. 여동생을 도와주려는 애틋한 마음이었겠지만, 그 험한 고개를 어찌 넘으셨을까? 땀을 뻘뻘 흘리며 힘들게 지게를 지며 고개를 넘으셨을 외삼촌을 생각하면 지금도 가슴이 미어진다.

〈봉선화〉
장독대 곁에
소박하게 서 있는 너는
무명치마 입으시던
어머니를 닮았다
빨간 꽃잎에 간직한 수줍은 사랑
자식 향한 정성
등을 달아 밝히시네

내 몸 짓이겨

손톱을 물들이는 재주는

시부모 봉양 위해 모시 베를 짜시며

한여름에 동지팥죽을 쑤시던 모습 떠오르네

나는 철없이

별빛이 내린 마당을 서성이다

봉숭아 꽃잎을 따서

손톱에 물을 들이곤 했지

뜨거운 여름

붉게 핀 너의 꽃잎처럼

어머니가 얼마나 아프게 사셨는지

이제야 깨닫는다

— 눈물겨운 어머니의 희생

조부님이 친한 친구의 종중의 제사를 돌봐주는 대신 그 종중의 임야와 토지를 임대 받아 소작을 했다. 그 밭일은 오롯이 어머니 몫이었다. 어머니는 매년 수십 평씩 임야를 개간하며 경작할 토지를 늘려나갔다. 그러다 보니 매일 피땀 흘려 밭에 나가 일해야 했다. 그렇게 하루 종일 밭에서 일을 하고 나서도 저녁 무렵이 되면 야산에 올라가서 땔감용 솔가리를 꺾어야 했다. 솔가리 한 묶음을 모으고 나서야 그 묶음을 머리에 이고 먼 길을 걸어 집에 당도했다. 그리고 쉬지도 못하고 다시 시부모님 식사 준비를 해야 했으므로 우리는 어머니가 안쓰러워 배고파도 배고프다는 말도 하지 못했다.

어머니는 그 힘든 밭일을 하시면서도 삼시 세끼 불을 때 조부모님 밥상을 꼬박꼬박 차려드렸다. 밥하실 때 솥 한쪽은 쌀을 안치고, 한쪽은 보리쌀을 안쳐 편밥을 해서 조부모님께는 쌀밥을 떠드렸다.

할아버지께서 그 무더운 여름에 동지팥죽 드시고 싶다고 하시면, 여름엔 찹쌀이 귀할 때라 모시 베를 팔아서라도 동지팥죽을 쑤어드렸다. 가마솥에 불을 때느라 땀으로 온몸이 젖으면서도 할아버지 잡수시게 팥죽을 쑤시는 어머니 모습이 지금도 아련하게 기억이 난다.

어머니는 본인의 식사조차 제대로 하지 못하는 어려운 환경에서 시부모님과 자식들 밥을 차려주시고, 자신은 부엌에서 숭늉물에 김치 몇 개 대충 집어드시고 다시 일하러 밭에 나가곤 했다. 그러다 보니 체중이라고 할 것도 없이 수수깡처럼 말라 있었다. 햇볕에 까맣게 탄 모습으로 늘 밭에 가야 볼 수 있는 얼굴이었다.

어머니는 신혼 초부터 객지에 돈 벌러 나가 일 년에 서너 번 오는 남편을 청상과부라도 된 듯이 그리워했다. 그래도 어머니는 아버지에 대한 그리움을 내색하지 않으셨다. 시부모님 부양하고, 자식들 거두는 일에만 몰두하셨다. 그러면서도 정작 자신은 제대로 먹지도, 입지도 못하고 죽도록 일만 하느라 안타깝게도 영양실조에 걸려 탈모 증상이 심했다. 그래서 늘 머리에 쓴 수건을 벗지 못했다.

어머니는 상일꾼이었다. 나를 포함하여 우리 남매들은 방과 후에는 늘 밭에 나가서 어머니 일을 도와야 했다. 시골 여인네의 삶은 참으로 고

단했던 것 같다. 할아버지께서는 어머니 앞에서는 아무 말씀 안 하셨지만, 친구분이나 친척분들에게는 며느리 자랑을 많이 하셨다고 한다.

〈밤비〉
발자국 소리
문을 두드리는 소리
바람이 나를 깨운다
창밖엔 비가 내리고
어둠 속에 울고 서 있는
저 기다림
사무친 어린 날의 기억이
흘러내린다
집 나가시는 아버지 등 뒤로
비는 동이로 퍼붓고
빗속에 서 계시던 어머니
비는 밤새 쏟아져 내렸다
오늘 밤도 비가 내리고
빗소리만
빈 마당을 채운다

어머니의 인생이 지금 생각해봐도 참으로 안쓰럽다. 헌신적이면서도 똑똑하셨던 우리 엄마! 지금은 치매가 깊으셔서 요양원에 계신다. 어머니가 사신 세월 무슨 말로 표현하리. "왜 바보처럼 서울에 붙어계시지

자국이 난 길은 토끼가 최근에 다닌 길이므로 거기에 올무를 설치하는 것이다. 또 하나는 햇볕이 밝은 날 산속을 다녀보면 인적이 미칠 수 없는 키가 작고 어린 소나무의 가지들이 낫으로 베인 것처럼 싹둑 잘려 땅에 떨어져 있는 것이 보인다. 그 베인 면에 송진이 아직도 생생한 경우가 있는데, 이건 토끼가 최근 개척한 새로운 통로라는 의미다. 그렇게 잘린 나뭇가지들은 계속 이어져서 떨어져 있는데, 그 길을 따라 일정 구간에 올무를 10여 개 이상 설치하면 사냥 준비는 끝이다.

토끼는 날씨 좋은 날뿐만 아니라 눈 오는 날에도 올무를 잘 피해 다니지만, 사람이 쫓아가면 황급히 도망가기 바쁘다. 이때 눈 위에 난 토끼 발자국을 보고 계속 뒤쫓아가면 토끼는 당황해서 마구 뛰다가 올무를 미처 보지 못하고 걸리게 된다. 만일 토끼가 올무가 설치된 50m 구간을 무사히 빠져나가게 되면 일단 실패한 것이다. 그러나 계속 발자국을 따라간다면 토끼는 큰 산을 한 바퀴 돌아 다시 올무가 설치된 구간으로 돌아온다. 그때 잡히는 경우도 있다. 그래서 어떤 날은 큰 산을 두세 바퀴 돌아야 하는 날도 있었다.

〈보릿고개〉
한 알도 아까워서
보리 이삭을 줍는 여인
해가 저물도록
바구니는 차지 않는다
문고리 잡고
아이를 낳은 여인

아이 낳은 지 사흘 만에
잡초를 캐내며 지나는 밭고랑은
푸른 잎에 빨간 이슬이 맺혀 있었던
보리밭
여인의 눈물은 흙 속에 스며들어
푸르던 보리 노란 알맹이가 되고
보리타작은 껄끄러웠지요
어렸을 때 많이 먹었던 보리밥
가난한 그 시절
산보다 높은
보릿고개를 넘었습니다

— 아버지를 용인에서 떠나보낸 우리 5남매, 용인시민이 되다

내가 3군사령부 법무실장으로 옮긴 몇 개월간은 우리 가족이 처음으로 많은 행복감을 가질 수 있는 시간이었다. 교직에 있는 아내와 함께 아이들 셋을 키우면서 오랜만에 주말도 함께 보낼 수 있었다. 주말이면 산야가 아름다운 용인 구석구석과 에버랜드 같은 곳을 방문하여 놀다 보면 시간 가는 줄 몰랐다. 아내도 평소 격무에 시달리는 남편 얼굴 한 번 제대로 보지 못하다가 상대적으로 여유를 즐기면서 아이들과 함께 보낸

더니 그냥 가라고 한다. 아이가 아직은 서툴러서 성적을 제대로 내지 못했으나 곧 좋아질 것이고 부모의 교육열을 알고 있으므로 걱정하지 않는다고 덧붙였다. 그 카운슬러가 예측한 대로 큰아이는 1년 동안 미국 고교에서 전 과목 A 학점을 취득했다.

나는 2006년경 서울대학교 대학원에서 법학과 박사학위를 받은 직후라서 조지타운대 로센터에 대해 호기심이 많던 터라 매주 형사법, 형사소송법 혹은 증거법 관련 강의실에 들어갔다. 도서실 내 자리에 앉아 다시 한국에 돌아가게 되면 주어질지도 모를 임무 수행을 더 잘하기 위해 미군의 전쟁법과 작전법 관련 교범과 매뉴얼을 펼쳐놓고 밑줄을 치면서 읽고 또 읽었다.

솔직히 미국 로스쿨 교수들의 강의는 법 이론을 알아듣기 쉽게 설명하는 것이 아니라 케이스를 가지고 이론과 판례를 엮어 강의를 이어갔다. 종종 학생들에게 문제를 제기하여 손을 든 학생에게 의견을 말하게 하고 그에 대해 의견이 다른 학생들이 없는지 그들의 반대 논리를 묻고 교수도 종종 그에 대해 코멘트하는 방식으로 진행되었다. 학생들은 매우 열심히 참여했고 교수와 학생 간에 격의가 없었다. 평소 외국인들과의 대화가 좀 된다고 생각했던 나의 현지에서의 영어 실력을 실감하는 기회였다. 그래도 분위기와 열기 면에서 한국의 법대와 많이 다른 색다른 경험을 하게 되었다.

2

나의 초등학생 시절

— 웅변대회 최우수상을 싹쓸이하다

내가 초등학교 2학년이 되었을 무렵 담임선생님이 국민교육헌장을 암기해오면 청소를 면해준다고 하셨다. 다음 날 나는 선생님께 손을 들어 외우겠다고 했다. 물론 토씨 하나 틀리지 않고 국민교육헌장을 큰 소리로 외워 칭찬을 받았다.

당시 초등학교 4학년이던 누이는 이미 노래 실력, 웅변과 글짓기 실력으로 학교에서 정평이 나 있던 터였다. 선생님은 나에게 웅변을 한번 해보라고 권했다. 교무실에 가니 누이가 이미 와서 선생님의 지도를 받으며 웅변 연습을 하고 있었다. 나는 쑥스러워서 학교를 뛰쳐나갔다. 웅변 원고는 바로 외웠으나 낯을 가리는 탓에 지도 선생님께 제대로 교육 한번 받지 못했다.

누이가 학교를 졸업한 이후 나는 초등학교, 중학교 내내 웅변대회 최우수상을 거의 싹쓸이하다시피 했다. 경쟁 상대가 없었다. 중학교 2학년 때 변성기가 왔는데, 계속 웅변을 하다 보니 결절이 생겼다. 이로 인해 한동안 웅변을 할 수 없었다. 한동안 높은 목소리를 내지 못했는데, 육사생도 시절까지 이어졌다가 이제는 거의 극복했다.

웅변은 수줍음이 많은 나에게 무한한 자신감을 심어준 계기가 되었다.

— 누이의 끔찍한 동생 사랑

나와 누이는 9년 차이가 나는데, 동생이 태어나기 전까지 독자로 컸다. 혹 잘못될까 봐 어른들은 나를 물 가까이 가지 못하게 했다. 동네 아이들은 여름에 저수지나 방죽에서 수영을 하곤 했다. 다른 아이들은 6, 7세만 되면 잠영을 할 정도로 수영선수가 다 된 듯했으나, 나는 초등학교 4학년 때까지 수영을 전혀 못 했다. 애들끼리 구슬치기 하며 재미있게 놀다가 땀을 식히려고 우르르 저수지 쪽으로 몰려가도 나는 망설이곤 했다. 수영을 하지 못했기 때문이다.

그런 사실을 알고 있던 두 살 위인 누이가 하루는 볏짚으로 단단하게 새끼를 길게 꼬더니 달이 뜨는 밤이 되자 내 손목을 잡고 저수지로 데리고 갔다. 저수지 둑에 말뚝을 하나 박더니 새끼줄 한쪽은 말뚝에 매고, 다른 한쪽은 내 팔뚝에 매었다. 그러더니 바지를 벗고 저수지 물 안쪽으로 들어가라는 것이었다. 나는 용기를 내어 누나가 시키는 대로 바지를 벗고 새끼줄을 잡고 물속으로 들어갔다.

저수지 가장자리에는 풀들이 무성하여 그렇게 위험한 것 같지 않았다. 처음에는 1m 정도 들어가다가 이내 나왔다. 그다음에는 2m 정도, 그 다음에는 3m 더 안으로 들어갔다. 주로 저수지 가장자리를 돌면서 들어갔다 나왔다 하며 어푸어푸 헤엄 연습을 했다. 그날 밤 그렇게 헤엄을 배우기 시작했다.

수영에 맛을 들인 나는 다음 날에도 저수지에 갔다. 지치면 저수지 가장자리에 무성하게 나 있는 풀을 잡고 둑으로 바로 빠져나왔다. 그해 여름 내내 저수지에서 살았다. 아무도 없는 달밤에 저수지 가장자리로 오십 바퀴 이상 돌고 또 돌면서 수영을 했다.

육사에 입학하여 1학년 하기 군사훈련 과목 중에서 수영 시간이 67시간인데, 이때 누이에게 배운 덕에 수영 학점 최고점을 받았다. 수영에 자신감이 있으니 어떤 훈련도 자신이 있었다. 특히 생도 3학년 때 화순 동복 유격장에서 유격훈련할 때는 레펠을 타고 물에 떨어지는데, 훈련생이 겁을 먹거나 수영을 하지 못하여 종종 익사 사고가 발생하곤 했다. 4학년 낙하산 훈련을 받을 때도 강에 떨어뜨리기 때문에 생존 수영 정도의 실력을 갖추지 못하면 움츠러들 수밖에 없었다.

그런데 나는 자신감이 너무 지나쳐서 1학년 수영 훈련 때 사고를 칠 뻔도 했다. 수영을 잘하는 동기생과 강원도 망상해수욕장 훈련장을 이탈하여 동해안 해수욕장으로부터 1.5km 이상까지 밖으로 헤엄쳐 나가버린 것이다. 지금 생각해보면 매우 위험한 행동이었고 사실은 퇴교감이었다. 누이가 가르쳐준 생존 수영은 그렇게 위력을 발휘했다.

— 감성이 풍부했던 초등학교 시절의 기억들

초등학교 3학년 때 일이다. 등굣길에 오리 우는 소리가 들렸다. 그 소리를 따라가니 논두렁 사이에서 작은 오리 새끼 한 마리가 울고 있는 것이었다. 아마도 오리를 부화시켜 이동 중에 자전거에서 떨어진 것 같았다.

나는 오리 새끼를 안고 학교로 갔다. 청소용 세숫대야에 오리 새끼를 넣어두고 수업을 들었는데 그것이 가만히 있을 리 없었다. 오리 새끼는 대야에서 기어 나와 학생들 책걸상 사이로 꽥꽥 울면서 돌아다녔다. 한바탕 소동이 난 후 선생님은 나를 조퇴시켜주었다. 오리 새끼를 집으로 가져와 키우기 시작했다.

오리는 무럭무럭 잘 자랐지만, 어느 날 집에 와보니 오리가 죽어 있었다. 할아버지가 놓은 쥐약을 먹고 죽어버린 것이다. 일주일 동안 울었다. 그 이후로 애완용 동물을 기르지 않고 있다. 애완동물을 가족처럼 대하는 현대인의 끔찍한 마음을 이미 오래전에 깊이 경험했기 때문이다.

어릴 적 집에서 토종닭을 많이 키웠다. 병아리가 8, 9개월 자라면 잡아먹을 정도의 크기가 된다. 말 그대로 영계다. 명절이나 조부님 생신 등으로 서울에서 작은아버지나 아버지가 집에 들르는 날에는 닭을 잡는다. 어느 때는 큰 수탉을 잡아야 할 때도 있었다. 조부님은 다리가 불편하셔서 재빠르게 달아나는 닭을 결코 잡을 수 없었다. 그럴 때면 조부님은 나를 부르셨다.

내 임무는 풀어놓고 키우는 토종닭 중에서 큰 놈 하나를 골라잡는 것이었다. 그리고 그놈 모가지를 비틀어서 조부님이 요리하실 수 있게 준비하는 것이었다. 그런데 닭의 모가지를 비틀어 죽이는 일은 도저히 할 수 없었다. 그래서 구슬치기로 딴 구슬들을 동네 친구들에게 나누어주고는 대신 닭을 잡아주도록 부탁했다. 나는 시골에서 약 20년을 살면서 닭 모가지를 비틀어본 일이 없다.

동네 이장 댁에 가면 너른 화단이 있고 다종다양한 꽃들이 수북하게 피어 있었다. 그것이 그렇게 부러울 수 없었다. 하루는 초등학교 온실 옆에 있는 화단에 갔더니 수국이 만발해 있는 것이 아닌가? 그 꽃들이 너무 아름다워서 나무 아래를 캐보니 뿌리가 여러 갈래가 있었다.

그중 일부를 캐서 집 화단에 심으면 좋겠다는 생각이 들었다. 손으로 흙을 파기 시작했다. 그러나 뿌리가 강하여 더 이상 손만으로는 어찌할 도리가 없었다. 그래서 뿌리를 잡아당겼는데 뿌리는 뽑히지 않고 뿌리 위 줄기가 부러져버렸다. 그래도 끝부분에 꽃 한 송이가 달려 있었다. 버리기가 너무 아까워 책보에 싸서 집으로 가져갔다.

처음에는 샘물을 담은 대야에 담가두었는데, 할아버지가 뭐라고 하셔서 화단 위에 꽃꽂이하듯이 꽂아두었다. 그리고 한참을 잊어버렸다. 그런데 이듬해 그 자리에서 그 줄기가 뿌리를 내리더니 그다음 해부터 꽃을 피우기 시작했다. 나의 이런 호기심 덕에 늘 우리 화단에는 여러 종류의 꽃들이 피었다.

화단은 손바닥만큼이나 초라했지만, 시골 화단 치고는 없는 게 없었다. 엄마가 닭에다 삶아 드시는 접시꽃부터 익모초, 해당화, 수국, 맨드라미, 채송화, 봉숭아 등 이름을 알려면 찾아봐야 할 정도였다. 다른 형제자매들은 꽃에 관심이 별로 없었는데 나는 나름 화단을 가꾸려는 욕심이 많았던 것 같다. 요즘에도 예쁜 화단을 보면 한동안 넋을 잃고 좋아한다.

— 오늘의 실력왕, 고석

초등학교 4학년 때까지만 해도 시골에서 매일 농사일을 돕다 보니 얼굴도 제대로 씻지 않은 모습으로 나돌아다니기 일쑤였다. 놀기 좋아하는 성격이라 공부에도 별 관심이 없었다. 그런데 5학년이 되자 담임선생님이 매일 시험을 치르는 것이 아닌가? 고민이 생겼다. 당시 웅변으로 어느 정도 이름을 날리고 있던 나로서는 적당히 해서는 안 되겠다는 생각을 했다. '웅변으로 인기가 있는데, 공부를 꼴찌 하면 안 되지' 하는 생각에 공부에 관심을 가지기 시작했다.

담임선생님이 점심시간에 책을 읽게 한 후 쪽지시험을 보곤 했다. 예를 들면 "철수와 영희는 엄마와 장에 가서 소를 샀다"라는 문장이 있다면 '장'과 '소' 글자가 들어갈 자리에 괄호( )를 만들어놓고, 그 빈칸에 맞는 글자를 써넣게 하는 시험이었다.

나에게는 정말 누워서 떡 먹기 같은 쉬운 시험이었다. 항상 100점을 놓치지 않았다. 그렇게 쉬운 시험에서 문제를 틀리는 친구들을 도무지 이해할 수 없었다. 선생님은 동기를 유발할 목적으로 만점 학생 명단을 칠판 오른쪽 상단에 늘 적어놓았다. '오늘의 실력왕'. 그리고 그 하단에는 늘 '고석'이라고 적혀 있었다.

수업을 참관하러 오신 학부모들은 내 이름을 모르시는 분이 없었다. 왜냐하면 하루도 빠짐없이 늘 흑판 위에는 내 이름이 적혀 있었기 때문이다. 어떤 친구는 100점을 받기 위해 하루 전에 엄마랑 집에서 연습하는 등 시험 준비를 철저히 하고 왔다는데도 쉽지 않았는가 보다. 한번은 우리 마을 여성회장이자 우리 반 학부모회장이었던 동네 친구의 엄마가 학부모 참관수업 시간에 “왜 석이는 쉽게 100점을 받는데, 너는 단 한 번도 못 받느냐?”라고 친구를 공개적으로 망신을 준 적도 있었다.

솔직히 예습할 수가 없었다. 집에 가면 할아버지와 어머니를 도와 농사일을 해야 했기 때문이다. 어쨌든 주기적으로 있던 웅변대회 우승하는 일과 흑판 위의 내 이름은 나에게 자신감을 심어준 계기가 되었다.

— 무안 장날 아버지의 넋두리에 깨달은 장남으로서의 책임감

내가 초등학생 때도 아버지 친구분들이나 다른 어른들은 당시 20세 전후로 장가를 든 데다가 바로 아이를 가져서 벌써 20대의 장성한 아들들을 두고 있었다. 그 아들들은 벌써 농사일을 돕고 있거나 객지에 나가서 돈을 벌어 보내주곤 했다. 아버지는 그들을 매우 부러워했던 것 같다. 농촌에서는 남자의 일손이 제일가는 재산이니 그럴 만도 했을 것이다.

하루는 오랜만에 아버지와 장에 가서 고기 등을 사서 신작로를 걸으며 집으로 가는 중이었다. 내가 1960년생에 1971년경 당시 초등학교 4학년이었으니, 1927년생이신 아버지는 40대 중반쯤이나 되었을 때였다.

우연히 신작로에서 술에 얼큰하게 취해 있는 아버지 친구를 만났다. 아버지는 “어이, 자네는 애들을 일찍 키워서 걱정이 없겠네. 나는 저놈이 큰놈인데 언제 클까. 나는 아들 덕 보는 것은 잊고 사네”라고 하시던 말이 기억난다.

리한 듯했으나, 나는 끈기를 가지고 버티면서 끝까지 안간힘을 써서 판세를 역전해버렸다.

농사일로 다져진 좋은 체력은 육사 생도 생활에서 많은 유리한 점을 안겨주었다. 선착순 구보를 하거나 팔굽혀펴기 훈련을 받을 때 다른 생도들은 아주 힘들어했지만, 나는 웬만한 육체적 훈련은 견딜만하다는 생각이 들었다. 사법시험공부를 하고 군법무관이 된 후에는 몸을 쓰는 일이 적다 보니 지금은 어릴 때와 비교해 약해진 것이 사실이지만, 아직도 체력적으로는 누구 못지않은 자신감이 있다.

요즘에도 몸을 써서 일할 기회가 있으면 그렇게 기분이 좋을 수 없다. 송충이는 솔잎을 먹고 살아야 한다는 말이 이래서 나왔나 보다. 그래서 솔직히 나는 공부하는 일이나 앉아서 보고서 작성하는 일보다는 부지런히 뛰어다니면서 아이디어를 내고, 행동으로 실천하는 일에 더 강하다는 생각이다.

— 고교 3년 내내 아산장학회 장학금을 받다

하루는 선생님이 나를 불렀다. 서류를 주면서 도 장학사를 만나 제출하라는 것이었다. 아산장학회 추천서였다. 1학년 1학기 성적을 기준으로 학교에서 아산장학회 추천 대상으로 선정되어 도에 관련 서류를 제출했고, 그 덕으로 3년 내내 장학금을 받았다.

1학년 1학기 성적이 내가 1등일 리는 없을 것 같은데 장학생 후보로 추천된 것이었다. 아마도 전국적으로 보는 학력고사에서 내가 1등을 한 것이거나 아니면 집안 형편을 고려한 것인지도 모르겠다고 생각했다.

조부님과 어머니는 내가 아산장학회 장학생임을 엄청 자랑스럽게 여겼다. 내가 생각해도 이때부터 자신감이 많이 붙기 시작한 것 같다. 그 때문에 평소 생활 태도도 성실하게 변하기 시작했고, 가족에게도 잘해야겠다고 생각했다.

육사 시험 보러 가기 전날에도 어머니를 도와 농사일을 하고, 여름에 양파 수확 때는 리어카로 양파를 실어 나르기도 했다. 할머니께서 위경련으로 아프셨을 때는 발뒤꿈치가 안 보일 정도로 달려가서 동네 침술하는 사람을 모시고 오니까 옆에 계셨던 이웃 할머니가 저런 손자를 둔 할머니가 부럽다고 했다. 조부모님이나 어머니도 그런 나의 변화가 대견한지 잔소리도 하지 않으시고, 나를 늘 흐뭇하게 바라보시곤 했다.

장학금을 받은 첫날 그 돈으로 삼천리표 새 자전거를 샀다. 그런데 그날은 억수같이 비가 와서 자전거를 담임선생님 집 토방에 세워두고 걸어서 집에 갔다. 다음 날 아침 등굣길에 갔더니, 자전거가 사라져버렸다. 도둑맞은 것이다. 얼마나 속이 상했는지 모른다.

아산장학회를 설립한 현대에서는 내가 30대 중반이 될 때까지 줄곧 현대로 입사할 의향이 없느냐는 서신과 회사 사보를 보내주곤 했는데, 시골에서 이것을 받아본 할아버지는 매우 자랑스럽게 여겼다.

나는 어른이 된 후 장학금도 내고 사회에 환원하는 일을 해야겠다는 생각에 기부하기도 했지만, 앞으로는 도움이 필요한 학생들에게 더 다양하고 광범위한 장학사업을 펼쳐야겠다는 생각이다.

II

호국간성의 길을 향하여

1

육사 생도 시절

— 육사 입학 권유, 큰아들을 나라에 바친 아버지

어릴 적 조부님은 늘 우리가 고경명 의병대장 집안이라고 자랑처럼 말씀하셨다. 나중에 어른이 되어 알아보니 족보상 의병장 친형의 후손이었다. 또 나를 문중 산소에 데리고 갈 기회가 있을 때마다 조부님은 증조부님 묏자리가 좋다면서, 우리 집안에 경자(庚子)생이 나오면 장군이 되는 터라고 말해주셨다. 경자생은 바로 나였다.

그리고 조부님은 후손들 일가가 모두 모인 자리에서 6.25전쟁 때 남한 이웃들끼리 서로 죽이고 하던 끔찍한 기억을 말씀하시곤 하셨으므로 우리 형제자매들은 자연스럽게 반공주의자로 성장했다.

고교 시절, 학생들의 절대적인 존경의 대상이었던 과학 선생님은 해군사관학교 출신이었다. 해병대 장교로 월남전에 가셨다가 파편창을 입고 전역한 후 교사가 된 분이었다. 선생님은 부상으로 시력이 엄청 약해졌음에도 주경야독으로 대학 박사과정을 이수하고 계셨다. 고3 학생들과 예비고사 모의시험을 같이 보면 최우수 학생들 수준으로 고득점을 올릴 정도로 전 과목에 능하셨다. 구령 소리도 우렁찼다. 그러니 모든 학생의 우상이 될 수밖에 없었다.

그 선생님은 내가 사관학교 체질에 잘 맞을 것이니 다른 생각은 아예 하지도 말고 육사를 지원하라고 강권했다. 나도 국군의 날 행사에서 육사 생도들의 멋진 퍼레이드를 보고 육사에 대한 좋은 이미지를 가지고 있었다.

군을 기피하여 살림 좀 축내신 둘째 작은아버지는 오토바이 정비업을 하던 중 억울하게 재판을 받은 일이 있어서인지 나에게 판사가 되라고 했다. 우리 형제들도 이종사촌 형들이 서울대 법대와 상대를 나왔기 때문에 나도 좋은 대학교를 가는 게 좋지 않겠냐고 말했다.

그러나 군에서 장군 운전병 출신인 아버지와 막내 작은아버지는 나에게 무조건 육사를 권했다. 사실 내가 공부를 더 잘할 수 있었다 하더라도 서울에서 대학 과정을 유학할 형편은 전혀 되지 못했던 게 현실이기도 했다.

— 육사 입학 면접시험에서 100점 만점을 받다

육사를 지원해서 시험을 보았다. 79학번인 육사 39기는 박정희 대통령 시절이므로 입학 경쟁률이 매우 높았다. 입시 일정에 따라 1차 필기시험과 신체검사, 체력 측정과 마지막 관문인 면접시험을 보면 합격 여부가 결정된다. 1차 필기시험에서 영어와 국어는 큰 실수를 하지 않았지만 수학 시험은 좀 아쉬움이 없지 않았으나 합격하는 데는 큰 문제가 없을 거라고 생각했다.

필기시험 합격 후 면접날 오전에 신검과 체력 측정을 하려고 차례를 기다리는데, 예비고사 모의시험에서 이과 수석 했다는 종로학원 출신의 한 재수생이 자기가 육사 수석 합격할 거라고 큰소리쳤다. 그런데 그 학생이 웃는 모습을 보니, 앞니 두 개가 보철이 되어 있었다. 내가 아는 정보로는 그런 경우 합격이 불가하다고 들었는데, 그 학생의 자신감이 의아하게 생각되었다. 오전 신검과 체력 측정을 마치고, 점심을 먹은 후 다시 열을 지어 면접 차례를 기다리는데, 그 학생이 더 이상 보이지 않았다.

체력 측정은 매우 엄격했다. 신검도 독특했다. 군의관은 옷을 완전히 다 벗게 한 뒤 쪼그려 앉게 했다. 그러더니 뒤돌아서서 항문 쪽을 까보라고 했다. 좀 심하다고 생각되었는데, 치질이 있으면 심한 훈련을 견디지 못하기 때문이란다. 치질이 있으면 성적이 아무리 좋아도 예외 없이 탈락했다.

군의관은 각자에게 종합강평을 해주었는데, 나의 경우 "시력이 좌우 모두 2.0으로 퍼펙트하고, 의학적 수치상 아무런 지적사항이 없다"라며 이렇게 완벽한 수험생은 처음이라고 했다. 매일 농사일을 하고, 6년 동안 자전거 통학을 한 터라서 몸뚱이 하나만큼은 자신 있었기에 당연한 일이라고 생각했다.

문제는 면접이었다. 면접실은 여러 개의 방으로 되어 있었다. 내 기억으로는 소령급 훈육관들이 한 방에 2~3명씩 배치된 방이 5개 있었고, 여섯 번째는 관상쟁이로 보이는 민간인이 앉아 있었으며, 마지막 방에는 육군 준장인 생도 대장이 앉아서 최종 점검을 하고 있었다.

두 번째 방에 들어갔을 때 면접관은 특기가 무엇이냐고 물었다. 나는 망설임 없이 웅변이라고 대답했다. 그러자 한번 해보라고 했다. 그래서 목이 터져라 "만장하신 여러분, 저 북녘 하늘을 보십시오. 지금도 저 오랑캐들은 호시탐탐 남침을 노리고 있습니다. 녹음이 짙어오는 유월이 오면…" 했더니, 잘 알았으니 그만하라고 했다.

집에서 농사를 짓는다는데 논밭이 얼마나 되느냐고 묻는 방도 있었다. 나는 망설임 없이 "먹고사는 데 지장이 없습니다"라고 당당하고 자신 있게 대답했다. 그런데 실제로 우리 집에는 논밭이 없었다. 땅이라곤 단 한 평도 없었다. 그렇지만 육사 입학과 땅 몇 평이 아무런 상관이 없는 것이라 생각했고, 그렇다고 거짓말을 해서도 안 되므로 순간 그렇게 답한 것이었다.

입학시험일로부터 약 20년의 세월이 지난 뒤, 나는 우연한 기회에 입학시험 면접시험에서 내가 만점을 받은 유일한 수험생이었음을 알게 되었다. 사실 그분 기억이 정확하다면 육사 입학 시 면접시험은 5~6개의 방에서 각 방마다 2~3명의 면접관들에 의해 이루어지므로 만점을 받으려면 많은 면접관들로부터 모든 항목에서 만점을 받아야 하는 것이라서 거의 불가능한 일이었다. 그 선배 말씀이 사실이라면.

1998년경 국제법과에서 담당한 국제중재 사건의 패소로 인해 국방부 감사관실에 가서 감사를 받은 일이 있었는데, 당시 나의 사정을 격려하러 오신 군의 한 선배께서 자기가 훈육관 때 39기 입학시험 면접관을 했고, 내가 면접 받은 학생 중 매우 인상에 남는 학생으로 당시 면접에서 만점을 받은 유일한 학생이었다는 사실을 말씀하셨다. 이어서 그는 나에게 지금처럼 업무를 소신껏 당당하게 옳다고 생각하는 대로 하면 된다고 격려해주었다.

평범한 내가 어떻게 면접시험에서 만점을 얻었는지는 잘 모르겠지만, 어렸을 적부터 늘 하면 된다는 긍정적이고 낙천적인 생각으로 주어진 환경을 탓하지 않고 열심히 농사일과 공부에 전념한 덕택이 아닐까 생각된다. 그래서 나는 늘 열악한 환경은 그것을 극복하는 순간 오히려 축복이 된다고 말한다.

__ 평생의 정신적 기준점이 된 생도 생활

육군사관학교는 나라를 지키는 직업군인을 양성하는 곳이기 때문에 기본적으로 군사훈련을 철저하고 강하게 시키는 학교다. 훈련은 입학 시 4~6주 동안 하는 기초군사훈련이 있고, 학년마다 2개월씩 하는 하기 군사훈련이 있다. 평상시에도 매일 아침 구보, 오후엔 무술 단련, 그리고 군사학과 이론교육 등을 실시한다. 이런 점을 제외하면 국비 기숙사 대학으로 생각하면 된다.

기초군사훈련은 입학생을 4개 중대로 나누고, 각 중대를 지도하는 생도들은 다음 해에 4학년이 되는 3년 선배 기수 중에서 선발한다. 이들 신입생 교육을 담당하는 선배 생도를 '기훈생도'라 불렀다. 기훈생도는 '기초군사훈련 교관 생도'라는 의미다. 이들은 성적과 품행 모두 동기생 중에서 1/3 안에 드는 우수한 생도들로 선발된다.

기훈생도에게 내무생활이나 군인정신을 가르치게 하고, 구체적인 군사 기본 과목은 군사학을 가르치는 육사 교수들이 맡았다. 지금도 그러는지 모르지만, '비스트 트레이닝(beast training, 짐승 교육)'이라고 할 정도로 악명 높은 훈련이었다. 체감온도가 영하 20도인데도 옷 하나 걸치지 않고 얼음물에 들어가게 하는 등 끈기와 인내를 키우는 훈련을 했다.

정식 생도가 된 이후에도 매주 구보가 있었다. 특히 2주에 한 번씩 하는 10km 완전군장 구보에 낙오하는 생도들이 더러 있었다. 저녁 10시에 취침하고, 6시가 되면 예외 없이 기상나팔이 울린다. 아침 구보와 청소, 식사와 공부, 오후에도 공부와 무도 훈련, 저녁에는 독서와 자습 등 일정이 아주 타이트했다.

일반 학과 수업은 중간시험 2회, 기말시험 1회 외에도 미국 웨스트포인트를 본받아 과목별로 10~20회씩 수시 시험(daily check-up)을 보았다. 매 학기 과목당 40점 이하를 받거나 평균 60점 이하이면 재시험 기회를 주고, 통과하지 못하면 무조건 퇴교 처리된다. 3금이라 하여 여자, 거짓말, 술 · 담배 등은 걸리면 바로 아웃이다. 유격훈련과 낙하산 훈련도 강도 높게 받는다.

사관생도가 된 이래 4년간 매일 오전 · 오후 2회씩 365일 사관생도 신조를 외쳤다. 대략 3천 번 정도 읊은 것이다. 이렇게 내면화된 사관생도 신조는 나의 생을 통틀어 나를 지켜주고 인도해주고 지탱해준 정신적 기준점이 되었다.

1. 우리는 국가와 민족을 위하여 생명을 바친다.
2. 우리는 언제나 명예와 신의 속에 산다.
3. 우리는 안일한 불의의 길보다 험난한 정의의 길을 택한다.

화랑제 권총사격대회 금상 수상

육사 생도는 사관으로서의 멋이 있어야 한다면서 승마, 골프, 댄스, 클래식 기타, 영어 회화, 각종 격투기 종목, 축구, 럭비 등 일주일에 한 번씩 특별 활동(extra curriculum) 시간이 주어졌다.

나는 1학년 때부터 4년간 줄곧 사격부를 신청했다. 어차피 군인이 될 것인데 굳이 일반학기 기간 동안 사격부가 웬 말이냐며 나를 비웃는 동료들도 없지 않았다. 그래도 나는 군인의 기본인 사격만큼은 영화에 나오는 배우처럼 잘하고 싶었다. 그래서 수요일 오후가 되면 전투복으로 갈아입고, 승마장을 지나 단체로 줄을 지어 사격장으로 행군했다.

처음 사격은 권총이었다. 제2차 세계대전 때 미군이 사용하던 콜트 45구경 권총은 이미 많이 사용한 거라 강선이 닳아서 좌탄, 우탄 나는 게 많았다. 더욱이 미군용이라서 무거웠다. 원래 권총은 한 손으로 파지하는 것이 원칙이라 어깨 힘이 좋아야 한다. 그렇지 않으면 권총을 흔들림 없이 잡을 수 없다. 어깨가 약하면 격발 시 반동을 흡수하는 것이 곤란해져 명중률이 떨어질 수밖에 없다.

1학년 화랑제 권총사격대회에서 금상을 수상했다. 100점 만점에 거의 만점을 받았던 것으로 기억한다. 이 소식에 육사 군사학 처장은 흥분하여 아시아 선수권대회 선수로 훈련받으라고 권할 정도였다. 2등과 상당한 점수 차이가 났기 때문이다.

나는 내가 좋은 성적을 낸 것은 너무도 당연한 일이라 생각했다. 군인으로서 강한 자가 되기 위해 사격부를 선택했고, 다른 사람보다 열심히 노력하기도 했지만, 다른 생도와 비교하여 선천적으로 유리한 점이 많았다.

생도 1학년 때 시력이 양안 모두 2.0이어서 사격에서 절대적으로 유리했다. 시력이 좋으니 권총 사격 시 총구를 떠난 탄이 표적지 어디에 맞는지 실시간에 눈으로 파악하는 것이 가능했다. 혹 탄착군이 좌탄 혹은 우탄이 나오면 감으로 오조준을 하여 다음 사격은 더 정확하게 맞힐 수 있었다. 이와는 반대로 시력이 약한 사람에게는 특히 강선이 닳아서 좌탄, 우탄이 자주 나는 콜트권총으로 좋은 점수를 내기란 거의 불가능에 가까웠다.

다음으로는 리어카를 끄는 농사일을 많이 한 덕택에 어깨와 상·하박의 힘이 좋아 무거운 총을 한 손으로 파지하고 있어도 손이 덜 흔들린다는 강점이 있었다. 연습, 시력과 팔 힘 등 중요한 요소들에서 나보다 우월하지 않은 경쟁자들은 나의 적수가 되지 못했다. 2학년, 3학년 때도 권총사격대회에서 메달을 받았다.

— 동작 그만! 당장 술을 버려라

육사의 부식 양과 질이 훈련 강도에 비해 넉넉하지 못하고, 오래되고 낡은 내무반의 먼지 등 열악한 여건으로 폐결핵 환자가 종종 발생하곤 했다. 이러한 환자 생도는 진해 해군병원에서 1년 정도 요양하고, 1년 후 완치되고 나서 복학하도록 되어 있었다. 또한 해군병원에서 요양 중인 생도는 주기적으로 육사에 올라와서 훈육관을 만나 지도를 받고 다시 돌아가곤 했다.

3학년 하기 군사훈련과정에서는 1년 선배인 38기로 입학했으나 요양으로 인해 우리 기수로 복귀한 생도가 절도 혐의로 도태되는 일이 있었다. 그는 3학년 하기 군사훈련 기간 중 진해에서 훈육관 지도를 받으러 상경했다가 육사의 비어 있는 내무반 다른 생도의 방에서 영어 회화용 카세트테이프를 보고 이를 훔치다가 발각된 일이 있었던 것이다.

우리 기수들끼리 모이는 군사훈련 기간이 되자 그 소문을 들은 우리 동기생 몇 명이 그 38기를 불러놓고 추궁했다. 결국 그 생도는 우리의 압박에 사실을 자백하고, 자퇴를 결정했다. 안타까운 일이었지만 규정상 다른 방도가 없었다. 육사 규정상 남의 물건을 훔치는 일은 퇴교 대상이었기 때문이다.

그 후 우리는 훈련을 잘 마치고 여름휴가를 떠났다. 휴가가 끝나기 하루 전날, 속리산 관광호텔에 모여 동기생끼리 단합대회를 하기로 했다. 기대되는 날이었다. 그런데 나는 버스 이동 시간을 잘못 계산하여 약속 시간보다 30분이나 늦게 도착하게 되었다. 동기생들에게 미안한 마음으로 약속 장소인 버섯찌개집에 당도했다.

나 말고는 모든 생도가 제시간에 도착해 있었다. 식탁에는 버섯찌개가 끓고 있었고, 각자의 앞에는 맥주잔에 맥주가 가득 채워져 있었다. 내가 들어갔을 때 누군가의 제안에 따라 잔을 들고 건배하려고 하고 있었다. 바로 그때 내가 막 도착하여 그 광경을 목격한 것이다.

그 순간 나도 모르게 "동작 그만! 너희들 미치지 않았으면 어찌 이럴 수가 있나? 당장 술을 버려라. 우리는 훈련 중 절도 혐의로 38기생 한 명을 인민재판으로 내보냈다. 우리가 지금 하려고 하는 행위도 규정상으로는 그 퇴교생의 잘못과 하등의 차이가 없다"라고 외쳤다. 그 당시는 3금이라고 하여 이성 교제, 술, 거짓말 등이 걸리면 바로 퇴교 대상이었다. 예외 없이 말이다.

그러자 동기생들은 당황한 듯 잠시 쭈뼛거리더니 아무도 군소리 없이 하나둘 잔을 내려놓았다. 모두 그날 채워져 있던 맥주는 단 한 모금도 마시지 않았다. 그날 동기 모임에서는 버섯찌개만으로 속을 달래야 했다.

동기생 중에는 나의 행동에 대해 마음속으로는 다른 생각을 했을 수도 있겠지만, 겉으로는 그 누구도 이의를 제기하지 않고 모두 순응했다. 돌이켜보면 내가 만일 말리지 않았고, 그 결과 단체로 술을 마셨으며, 어느 경로로든 학교에 알려졌다고 가정하면, 3학년 동기생 중에서 2~3명의 주동자는 퇴교를 면하지 못했을 것이다. 그래서인지 그 뒤로 그 누구도 그 일을 입에 올린 동기생을 본 일이 없었다.

않았다.

하루는 담배 연기에 절어 쾌쾌한 냄새가 나는 어두침침한 술집에서 시큼한 맥주를 털어 넣는 고향 친구들과 어울리다가 이건 아니라는 생각이 들었다. 그다음 날 영어학원에 등록했다. 시골 고교를 나와서인지 영어 문법이나 단어는 좀 하는 것 같은데 영 안 된다고 생각했던 영어 회화 공부를 좀 더 해야겠다는 생각에서 훈련 기간 내내 저녁에는 영어학원에 다녔다.

거기서 평생의 반려자인 아내를 만났다. 어느 날부터 내 눈에는 한 여학생이 눈에 띄었다. 인상이 선하고 마음이 착해 보였다. 몇 번 망설이다가 그녀가 화장실에 간 사이에 영어로 한번 만나보고 싶다고 쓴 쪽지를 그녀의 가방 속에 넣어두었다. 그녀는 무려 1시간 반이나 늦었지만, 내 바람대로 약속 장소에 나와주었다. 나는 육사를 졸업한 육군 소위였고, 그녀는 꽃다운 나이의 영어교육과 1학년 학생이었다. 그렇게 우리의 만남은 시작되었다.

그러나 나의 소대장 생활은 정말 정신없이 하루가 지나가는 일상의 연속이었다. 그래도 간혹 그녀 생각이 날 때는 아무 데나 쪼그리고 앉아서 편지를 쓰곤 했다. 그녀는 비록 짤막한 것이었지만 종종 답장을 보내왔다.

위탁교육을 받게 되면서 신림동 고시원에 잠시 머물렀는데, 학교생활을 나름 열심히 하느라 마음의 여유가 없어 편지를 자주 쓰지 못하다 보니 그녀와 연락이 끊길 뻔했다. 어느 토요일 오후 고시원에서 밥을 해주시던 할머니가 나에게 늦은 점심을 차려주시면서 걱정된다는 듯한 표정으로 전보 한 장을 건네주었다. 거기에는 "오늘 오후 2시 서울역 시계탑 아래에서 기다릴게요"라고 쓰여 있었다. 바로 그녀로부터였다. 나는 두어 달째 그녀에게 편지 보내는 일을 잊고 있었다.

나는 숟가락을 들다 말고 체육복 차림으로 쏜살같이 산 중턱에 있는 고시원에서 신림천 낮은 지대 도로까지 달려 내려가서 지나가는 택시를 잡으며 말했다. "최대한 빨리, 서울역으로. 두 배 드릴게요."

서울역 시계탑은 4시를 향하고 있었는데, 한 여대생으로 보이는 소녀가 시계탑 아래에 쪼그리고 앉아 있었다. 바로 그녀였다. 달려들어 와락 안고 싶을 정도로 그녀의 표정은 아름다우면서도 청순했다.

나는 태연한 척 다가가서 버스 표를 끊었는지 물었다. 그녀는 표는 있지만 이미 시간이 지났다고 대답했다. 학교 동호회에서 봉사활동차 서울에 왔으며, 혹시 얼굴이나 볼 수 있으면 하고 기다렸는데 보았으니 되었고, 부모님이 걱정하시니 이제는 내려가야 한단다. 나는 그녀와 택시로 고속터미널에 가서 광주행 버스에 그녀를 실어 보냈다.

그녀가 떠나간 뒤 나의 삶에 큰 변화가 생겼다. 종일 사방에서 나를 지켜보는 것 같은 그녀를 느끼기 시작했다. 그럴 때마다 나는 편지를 썼다. 그래도 안 될 것 같으면 광주행 막차 버스에 몸을 실었다. 그리고 버스가 새벽에 도착하고 나면 그녀가 사는 집까지 걸어가서 인근 어린이 놀이터 그네에서 졸다가 그녀가 학교에 가기 위해 집을 나설 때쯤까지 기다렸다가 그녀에게 간단한 인사를 하고는 다시 서울로 돌아오기도 했다.

이미 그녀는 내 마음속에 한 여인으로 자리 잡고 있었다. 그녀가 3학년이 되었을 때 육사 반지를 선물했다. 그런데 다음 날 그녀는 부담스럽다면서 돌려주겠다고 했다. 나는 반지를 받으며 "이것은 내 생애 처음으로 소중한 사람에게 주고 싶은 나의 가슴이었는데…. 돌려준다면 내게는 아무 가치도 없는 것이니 차라리 저 호수에 던져버리겠다"라고 말한 후 반지를 호수 쪽으로 던져버렸다.

그런데 어느 사이 그녀가 잽싸게 나의 손을 막아서 반지는 호수가 아닌 호수 둑에 떨어져 굴렀다. 그녀는 반지를 다시 집어 들더니 핸드백에 넣었다.

며칠 후 나는 그녀의 집으로 찾아가기로 했다. 막내딸인 그녀의 부모, 형제자매와 동서들이 순식간에 들이닥쳤다. 소주에 삼겹살 파티가 열렸다. 아마도 내가 어떤 사람인지 테스트하려는 것 같았다.

나는 "결혼을 전제로 따님을 정식으로 사귀고 싶어 허락을 받으러 왔다. 가진 것 없는 가난한 군인이지만 진심으로 사랑하고 아끼겠다"라며 말문을 열었다. 그리고 혹 맘에 안 드시면 다시는 이 집에 얼씬도 하지 않을 것이니 정직하게 알려달라고 했다.

사실 우리는 그때까지 서로 손도 제대로 잡아본 일이 없었다. 아니 솔직하게 말해서 나는 너무나 아름다운, 마치 숲속의 공주 같은 그녀를 아껴주고 싶었다.

그녀는 아버지가 교육자인 다복한 가정의 막내로 형제자매들 사랑을 듬뿍 받고 자랐다. 가난한 군인을 못 미더워하시는 장모님을 제외한 모든 분들은 그래도 두메산골 촌놈인 나의 진심을 곧이곧대로 이해하고 받아주는 듯했다.

그로부터 약 3년 후 도합 6년여의 열애 끝에 우리는 결혼에 골인했다. 우리 부부는 아이 셋을 낳아 건강하게 잘 키우며 단란한 가정을 꾸렸다.

그녀 덕에 나의 20대 후반은 참으로 가슴 설레고 꿈만 같은 시간이었다. 결혼 후에도 그녀는 나의 가장 소중한 존재로 모든 면에서 나의 인생을 빛나게 해주었다. 참으로 내 인생의 은인 같은 존재다. 나의 친구이기도 하면서 내가 가장 사랑하는 아이들의 엄마이기도 하다.

— 육사에서 배운 대로 몸과 마음을 다하여 헌신한 소대장 시절

나는 전방 사단 ○○연대 ○○대대 ○○중대 소대장으로 발령받았다. 동기생들은 전방 사단급에 각 연대별로 2명 정도 배정되었다. 소대장은 두메산골 소년에게는 한마디로 엄청나게 출세한 직책이었다. 소대장직을 수행하면서 육사에서 배운 대로 내 모든 것을 바친다는 열정으로 임했다.

소대원의 생살여탈권을 가진 막강한 권한의 소대장이었지만, 아직 솜털이 보송보송한 나이 24세에 불과한 청년이었다. 비록 장교 교육을 받아서 40여 병사를 지휘하는 직책이었지만, 아직 아무것도 모르는 철부지나 다름없었다.

그러나 소대장 보직을 받고 누구에게도 뒤지지 않을 열정으로 정말 열심히 일했다. 소위 월급이 10만 원대였을 것이다. 그 돈으로 환경미화용 켄트지 등을 사서 소초를 예쁘게 꾸미기도 하고, 축구공을 사서 근무시간 외에는 소대원들이 운동으로 체력을 단련할 수 있도록 했다. 주말에는 누이 부부에게 막걸리에 돼지김치찌개를 끓여오게 해서 축구 시합도 하고, 파티도 했다.

들기도 한다. 어쨌든 우여곡절도 있었지만, 그래도 같이 교육을 받던 연수원 동기생의 따스한 염려와 격려 덕에 무사히 검찰 시보 과정을 마칠 수 있었던 것 같다.

— 군법무관 전과

연수원 과정을 마치고 나서 육군본부 검찰관으로 임명을 받았다. 검찰관은 지금은 '군검사'라고 호칭되는데, 민간에서 검사와 같은 직책이다. 일반인들이 생각할 때는 특별한 보직으로 보이겠지만, 나에게는 다시 고향에 돌아온 셈이다. 여느 보병 장교와 같은 마인드로 군 복무에 성실하게 임하리라 다짐했다.

법무관 조직은 사시 출신의 3년간 의무복무자들과 군법무관임용시험에 합격한 후 법무관으로 10년간 근무하는 장교들로 구성되어 있었다. 나처럼 사관학교를 나온 직업군인이 사법시험이나 군법무관 임용시험에 합격하여 군법무관으로 오는 경우는 수년에 1명 정도로 극소수에 불과했다.

육군은 사관학교 출신이 주류였으나, 군 법무병과에서 사관 출신은 완전한 비주류였다. 아니 외톨이처럼 취급받고 있었다. 거기에는 일반 대학 출신과 사관학교 출신 간의 교육환경 차이라는 잠재된 갈등요소가 있었다. 현실적으로 나는 법조인 경력은 짧은데 군 생활 경력은 길어 계급이 높고, 군법무관 출신들은 나보다 법조 경력은 길지만 군 경력이 적어

나보다 계급이 낮으니 서열을 군 계급으로 할 것이냐 아니면 법조 경력만으로 할 것이냐, 아니면 두 가지를 종합적으로 고려한다면 어떻게 되어야 하는가 그런 것이 참 쉽지 않은 문제였던 것 같다.

극소수 법무관들 중에는 학창시절 학생운동을 했음인지 육사를 나온 내 앞에서 사관학교 출신에 대한 거부감이나 편견을 표출하는 경우도 있었다. 사실 나는 사관학교를 졸업하고 나라를 지키는 성실한 군인일 뿐이고 정치군인 같은 것은 아닌데도….

노력해도 그 출신 간의 갭은 쉽게 메워지지 않는 깊은 골처럼 느껴졌다. 이는 법무관 생활 내내 나를 괴롭혔고, 나의 잠재력을 발휘하는 데 늘 장애 요소로 작용했던 것 같다. 사실 세월이 지나고 보면 사소한 일인데….

사실 내가 정치를 하려는 것도 법무관 시절의 아픔 때문인지 모른다. 이제는 우리 미래세대를 위해 갈등이나 분열보다는 서로 아끼고, 위해주고, 도와주는 통합의 시대를 열어야 할 때다.

III

보람과
애환의
군법무관
에세이

— 국가보안법 위반 사건

내가 군법무관 첫 보직인 육군본부 법무감실 검찰관이었을 때의 일이다. 계룡대 육군 법무감실*은 계룡대 본청에서 남서쪽으로 걸어서 2~3분 거리에 있다. 법무실은 육군 법무병과, 군검찰과 군사법원 운영, 징계업무, 보직해임, 국가배상과 소송 업무, 각종 법령해석 업무, 인권 업무 등 군사 관련 법률문제 전반에 대한 업무를 하는 곳이다. 법무감실은 매주 한 번씩 법무감이 주관하는 회의를 하는데 법무 업무 경험이 전무한 나는 그 회의의 구성원이 되어 육본에서 일어나는 제반 법률 문제가 어떻게 검토 · 처리 · 관리되는지에 대한 간접적인 경험을 쌓을 수 있었다.

육군본부에는 고등검찰부와 보통검찰부가 있는데, 내가 처음 받은 보직은 보통검찰부 소속 검찰관이었다. 육군본부가 관할권을 가지거나 중요한 사건에 대한 수사권을 행사하는 직책이었다.

* 지금은 '법무실장실'로 이름 변경

하루는 보안사 수사관이 검찰부에 국가보안법 위반 사건 수사 기록을 접수했다. 수사 대상자는 보기 드물게 3학년 때 ○○대학교 총학생회장으로 선출된 후 스스로 회장직을 사퇴하고 군에 입대했으나, 보안사에 의해 국가보안법 위반 혐의로 조사를 받고 군검찰에 송치된 상황이었다.

그를 만나보니 용모가 단정하고 당당한 참으로 멋진 청년이었다. 대학 입학 후 동아리에 들어가서 선배들로부터 운동권 교육을 받았고, 자기도 선배가 되어 후배들을 가르치다 보니 3학년 때 학생회장으로 선출되었다고 했다. 그런데 갈수록 '이건 아닌 것 같다'는 생각이 들어 그만두고 싶었지만, 그만둘 방법이 없어 군에 입대했다고 한다. 입대하자마자 보안사로부터 국가보안법상 찬양고무 혐의 등으로 조사를 받게 된 것이다.

그는 혐의사실에 대해서는 모두 인정하며 처벌은 달게 받겠다는 취지로 진술했다. 그 수사 기록은 수천 페이지에 달했다. 학생들이 모여서 학습을 한 내용과 학습 중에 나눈 대화들이 진술 형태로 기술되니 수사 기록 양이 방대할 수밖에 없었다. 수사가 길어지면서 저녁에도 조사를 받았다.

수사가 중반 이상 진행된 즈음 어느 날, 하루는 좀 쉬기로 했다. 창밖에 달이 떠 있는 조사실에 나란히 놓인 2개의 A형 군용 침대에 검찰관과 조사받는 병사가 나란히 하늘을 보면서 누웠다. 비교적 자유로운 분위기에서 시작된 대화는 가족의 신상을 구체적으로 밝히기를 꺼리는 것을 제외하고는 성장환경부터 시작해서 모든 것이 솔직하게 이어졌다.

병사는 운동권에 접한 이유를 말하기를 "1학년 때 선배들이 막걸리 사주고 잘해주고 똑똑하다고 챙겨주어서 어울리다 보니 어느새 운동권 세계에 깊이 들어와 있었다"고 했다. 그런데 나중에야 이건 아니라는 생각이 들었으나, 총학생회장까지 지낸 뒤에 빠져나오려고 하니 배신자라는 비난을 들어야 해서 군에 입대하는 길 외에는 달리 방법이 없었다는 것이다. 그렇게 군에 들어왔으나, 기다렸다는 듯이 결국 군 수사기관의 조사 대상이 되었다는 것이다.

처음에는 마음 한구석에 불안감이 있었는데, 검찰관 앞에서 모든 것을 털어놓고 나니 오히려 맘이 후련하고 좋다고 했다. 여기서 처벌을 다 받고 다시 새로운 삶을 시작하면 좋겠다고 담담하게 진술하는 것이었다. 그가 왜 이건 아니라는 생각을 했는지에 대해서도 자기 속마음을 다 털어놓았고, 그의 진술은 나에게 수긍이 가는 것이었다.

나는 당시까지 피의자가 정확하게 진술하고 자백한 사건을 기소하지 않는 경우를 들어본 적이 없었다. 또한 법집행은 인정에 치우쳐서는 안 되고 엄정하고도 공정하게 이루어져야 하는 것이라고 생각했다. 이 병사도 당연히 기소하는 길 외에는 달리 방안이 없다고 생각하고 있었다. 그런데 나란히 누워서 나눈 대화를 종합해보면 '과연 이 젊은이를 형사 처벌하는 것이 최선의 법집행일까?' 하는 의문이 들기 시작했다. 며칠을 고민하고 연수원 동기생들과 전화도 하고 누이들과도 내 고민을 얘기하다 보니 어느 순간 이 병사를 처벌하면 안 되겠다는 확신이 들기 시작했다.

결국 나는 공소보류를 결정했다. 이 사건에 대한 결재권을 가진 법무차감님도 결재 과정에서 나의 공소보류 결정 이유와 경위를 들으시고는 정말 잘 판단한 것 같다고 칭찬을 아끼지 않았다.

그런데 보안사 수사팀에서 이 결정에 대해 엄청난 비난을 한다는 얘기가 들려왔다. 이 사건을 적발하여 체포하고 수사하기까지 많은 인원이

동원되어 고생했고, 특히 사실인지 모르지만 사건 대상자에 대한 처리가 구속기소, 불구속기소, 공소보류 여부에 따라 특수활동비로 지급되는 수사비 할당액이 차이가 나기에 수사팀에서 불만이 매우 높았다는 것이다. 수사관들에게는 정말 미안한 마음이었지만, 그래도 이 사건을 그렇게 결정한 것은 정말 잘한 일이라는 생각엔 변함이 없었다.

상당 기간이 지난 후, 하루는 상병 계급장을 단 병사와 원피스 차림의 여성이 사무실로 들어왔다. 국가보안법 위반으로 조사를 받던 병사와 그 누나였다. 무거운 박스를 들고 있었는데, 말린 옥돔꾸러미였다. 그 누나는 연거푸 인사하면서 고마움을 표시했고, 답례로 옥돔을 놓고 가려고 했다. 그러나 나는 그에게 옥돔을 다시 들려주고, 가져가서 병사들과 함께 요리해 먹으라고 말했다.

그로부터 얼마의 시간이 지난 후 이번에는 누나의 남편이라는 사람이 찾아와서 고마움을 표했다. 그는 한 정보기관에서 근무하고 있었다. 처제 2명을 자기 후배들과 결혼시켰기 때문에 그 집안은 모두 국가안보 분야에 종사하고 있다고 했다. 그런데 처남이 보안사 조사 대상이 되었던 것을 뒤늦게 알고 처가도, 자기들도 '이제, 망했구나' 생각하고 있었는데, 내가 현명한 결정을 해주어서 고맙다고 했다. 덕분에 모든 가족이 새 삶을 얻은 것과 같다면서, 특히 자기 처남에게 한번 더 기회를 주어 처가의 대를 잇게 해준 데 대해 평생 은혜를 잊지 않겠다는 말까지 덧붙였다.

— 국회에 로비하여 긁어 부스럼 만든 주택조합 사건

군인이 조합장을 맡고 있는 ○○지역 지역주택조합 아파트에 대한 형사고소 사건이 있었다. 고소 요지는 건설회사가 조합원들로부터 토지 구입비와 시공비를 받아 아파트를 지으면서, 조합원들과 구체적인 상의 없이 친분이 있는 조합장의 인장을 함부로 이용하여 땅장사를 했다는 내용이었다.

조합원들의 돈으로 산 아파트 부지 중 일부가 수용되었는데, 그 보상으로 돈을 받고, 또 일부는 아파트 부지에서 제척시켜 땅장사를 하려는 것이 아닌가 하는 의혹이 있다는 것이었다. 철저히 조사하여 건설회사와 조합장을 처벌해달라는 내용이었다. 조합원 일부가 조합장을 고발했고 그 조합장이 육군 현역 군인이었기 때문에 육본 검찰부가 그 사건을 맡게 된 것이다. 사실 민사적으로 합의하여 정산하면 될 터인데, 그것이 서로 감정싸움으로 변질된 듯한 사건이었다.

그 군인은 평소 인품과 실력을 갖춘 분으로 존경받고 있었고, 육군 법무감도 그분과 아는 사이였기에 육군 법무감실의 입장이 조금 난감한 상황이었다. 그래서 사건 진행은 지지부진한 상태였다. 그런데 당시 야당의 모 국회의원실에서 이 사건은 억울하니 건드리지 말라고 지시하다가 급기야 국회로 와서 보고하라고 요구한 모양이었다.

하루는 법무감이 국회에 가서 설명할 자료를 한번 만들어보라고 내게 지시했다. 잘 정리하여 보고했더니 나더러 같이 가서 그 의원에게 설명하자는 것이었다. 나는 법무감을 따라 국회로 갔다. 비례대표 의원이었는데, 법무감에게 고압적으로 억울한 수사를 당장 그만두라고 했다. 국회의원의 고압적 태도에 평소 인품이 넉넉하고 여유가 있는 것으로 알려진 법무감도 매우 당황스러워하는 눈치였다. 보고를 마치고 국회에서 계룡대로 돌아오는 차 안에서 법무감이 입을 뗐다. "고 검찰관, 그동안 수사하지 말라고 해서 좀 그랬지? 이제는 무엇이 진실인지 한번 조사해보지."

나는 다음 날부터 수사를 개시했다. 결국 건설회사가 형사합의금 조로 조합원들과 합의하기로 했고, 그 조합장은 일반 수사기관에서 공정한 판단을 받겠다며 자진 전역을 했다.

돌이켜보면 이 건은 건설회사가 국회에 로비하여 오히려 긁어 부스럼을 만든 사건이었다. 국회에 로비하지 않았더라면 사건처리가 어떻게 되었을까? 만일 로비가 없었더라면 그 사건은 당사자들 간의 원만한 조정을 거치는 등 더 합리적으로 처리되지 않았을까 하는 아쉬움이 남는 사건이었다. 국회의원이라고 하여 함부로 법집행기관 책임자를 불러들여 부당한 요구를 해서는 안 된다는 교훈을 준 사건이었다.

— 상납고리를 밝히지 못하고 끝낸 ○○부대 경리 사건

○○부대에서 소득세 원천징수액을 ○○세무서에 납입하는데, 수기로 작업하는 것을 이용하여 그 세무서와 부대에서 소득세 원천징수액 중 일부를 비자금으로 조성해서 1/2씩 임의로 사용한 것이 민간 수사기관에 적발된 사건이었다. 육본 검찰부가 군 관련자를 조사하게 되었다.

경리책임자 ○○○ 대령을 조사하기 시작했는데, 갑자기 그 대령이

다른 부대로 전출 명령이 났다. 그래서 그의 근무지로 나가 출장 조사를 시작했다. 한참을 설득한 끝에 얻어낸 진술을 기초로 확인된 사실은 소득세 원천징수액에서 5천만 원 이상 빼돌려 비자금으로 조성한 사건이었다.

비자금은 통장에 원금으로 조성하여 매달 500만 원 정도 이자가 지출되었고, 7~8월 휴가 기간에 월 1천만 원씩 지출된 것이 확인되었다. 그런데 문제는 그 돈이 어디로 흘러 들어가서 어떻게 사용되었는지를 조사하는 것이었다. 그 내용을 수사하려고 상부에 보고했는데, 상부로부터 누가 시키지도 않은 수사를 하느냐며 질책을 받았다.

그 일이 있은 후 일주일도 안 되어 그 사건은 당해 부대 법무참모부에서 기소 및 재판까지 종료해버렸다. 그 사건은 육군본부도 중요 사건으로 수사할 수 있는 사안이지만, 원칙적으로 당해 부대 검찰부가 처리할 권한이 있었다. 그렇게 종료한 업무처리가 위법한 것은 아니었기에 육본 검찰부에서 시시비비를 가릴 소지는 적었다. 그런데 이미 수사를 하고 있는 육본 검찰부를 제쳐두고, 이렇게 사건처리를 하는 것이 바람직한 것인지 의문이 들었다.

문제는 그 경리단장이 집행유예로 바로 풀려났다는 사실이었다. 그 많은 돈을 누군가 사용했는데, 상납고리는 아예 수사할 의향조차 없었던 것 같다. 집행유예로 풀려난 그가 육본 검찰부로 인사를 왔다. 참 어이가 없었다. 수사를 막 하려는데 재판까지 종결된 것이 말이 되는가 말이다. 법무병과가 해야 할 일이 아직 많다는 생각을 하게 된 대표적 사건이었다.

당시 수사관으로서 판단해볼 때, 그 돈은 아마도 상당한 고위층으로 흘러 들어갔을 것이라는 생각을 떨칠 수 없었다. 당시 해당 부대 법무참모는 자세한 내용을 알고 있을 것으로 보인다.

그 사건 이전에는 군은 매우 깨끗하고, 특히 군인들은 박봉에 평생 십수 회 이사를 다니면서도 국가를 위해 헌신하는 숭고한 직업인이라는 자부심을 가지고 있었다. 누가 군에 대해 말을 함부로 하면 내심 기분이 좋지 않았는데, 그 사건이 처리되는 것을 보고 생각을 바꾸었다. 당시만 해도 군이 많이 변해야 한다는 생각이 들었다.

— 공직은 청렴이 핵심이다

한때 수도권 인구 집중으로 해마다 아파트 수요가 늘어나고, 이에 따라 군사시설보호구역을 해제하고 신도시 개발 부지를 확보하는 등 개발붐이 일었던 시기가 있었다. 수도권 인구가 늘어나면서 아파트나 주택의 수요도 함께 늘어나게 됨에 따라 건설업체와 시민의 군사시설보호구역 내 건축행위에 대한 수요가 급증한 탓이다.

이때는 아파트를 짓기만 하면 어느 정도 분양은 다 되던 때라 건설회사들은 군사시설보호구역을 해제하여 개발사업을 하기 위해 군부대 관련자에게 로비하는 등 갖은 노력을 다했다.

당시에는 민간 개발사업자가 군인, 군무원과 결탁하여 군사시설보호구역을 해제하여 아파트를 건설하거나 주택이나 건물을 지으려고 하면서, 그 대가로 금품을 제공하여 적발된 사건들이 지방검찰청에서 종종 발생했다.

이라는 수사작전명으로 한국계 미국인 여성의 ○○사업 관련 로비 스캔들을 추적하기 위한 것이었다.

이 사건은 언론에 보도된 바와 같이 이 여성 로비스트와 한 국방부 장관의 염문설 등으로 세간에 많이 회자되고 있었는데, 미모의 여성 로비스트가 개입된 사건이라는 것 때문에 많은 사람의 관심을 받고 있었다. 그러나 이 사건 조사 과정에 관여한 경험으로 볼 때, 장관의 부적절한 처신 운운 같은 부분에는 다분히 과장되거나 왜곡된 부분이 많다는 것이 나의 생각이다.

이 사업추진 과정에는 미국을 비롯한 여러 국가의 업체들이 경쟁했는데, 최종적으로 미국 무기체계가 선정되었다. 군 수사기관은 이 과정에서 한 로비스트가 국방부 수뇌부의 의사결정 과정에 영향을 미친 것이 아닌가 의심하고 있었다.

군 수사기관에서는 이 사업추진 과정에 군사기밀 취급 인가가 없는 로비스트에게 군사기밀이 누설되는 등 현행법 위반 의혹이 있다고 판단한 것이다. 그에 대한 확실한 증거를 확보하기 위해 군검찰에 감청영장을 신청하고, 일정한 기간이 지나면 다시 그 유효 기간을 연장하는 신청을 했다.

어느 날 군 수사기관은 이 사업을 위해 미국에 파견한 육 · 해 · 공군 중령 3명을 군사기밀보호법상 보호조치 의무 위반이라는 죄명으로 구속영장을 청구했는데, 군사법원이 영장을 발부해버렸다. 이들 3명은 모두 미국에서 관련 분야 석사학위를 소지하고 있는 엘리트 장교들이었다.

범죄혐의 내용은 이 무기체계 연구개발 회의에 필요한 자료들을 미국에서 한국에 보내면서, 군사기밀로 분류된 자료들을 외교 행랑을 통해 운반하지 않고 좀 더 신속하게 처리한다는 이유로 군사기밀로 표시된 부분을 화이트로 지운 채 평문으로 송부했다는 것이었다.

그런데 한국에서 시급하니 빠른 수단으로 보낼 것을 요구해놓고는 장래가 창창한 젊은 엘리트 장교들을 구속까지 하는 처사에 대해 솔직히 검찰관의 판단으로 매우 못마땅하다는 생각이 들었다. 그래서 나는 이들이 구속된 지 10일도 채 되지 않은 상태에서 검찰관으로서 징계 조건부 기소유예 처분을 하고 모두 석방해버렸다.

기무사 수사팀이 나를 비난하며 길길이 뛰었을 것임은 불문가지다. 나는 이 일로 적지 않은 고통을 받았지만, 지금도 그 사건처리는 잘했다는 생각이다.

군 수사기관이 감청하고 있다는 사실을 알지 못한 수사 대상자들은 사업추진 속도를 내고 싶어서인지 사람을 시켜서 이 사업 관리책임자에게 소위 급행료를 가져다줄 것을 지시하는 일도 벌어졌다. 이 사실이 증거로 확보되자, 군무원 신분의 그 사업단장은 즉시 구속되었다. 그러자 그 로비스트는 사업단장이 구속된 사실을 알고, 바로 미국으로 돌아가버렸다. 이런 상황이 되니 당시 야당에서는 이 사업 예산 전액 삭감을 주장했고, 연일 로비스트와 군 수뇌부의 연루 비리 의혹을 제기하면서 이 사업의 문제점을 부각시키고 있었다.

사건이 곧 해결될 것으로 생각하던 차에 핵심 조사 대상자가 사라져버리자 수사도 사업추진도 올 스톱 되었다. 수사에 너무 많은 시간이 걸리는 것 같은 군 수사기관 대신 내가 나서서 이 문제를 즉시 투명하게 처리해야겠다는 생각이 들었다. 속도감 있고 과감한 업무 추진 요령을 알고 있던 나는 자신감이 있었다.

그래서 청와대 법무비서관을 찾아갔다. 미국으로 돌아가버린 로비스트를 직접 만나 도대체 이 사업이 왜 이렇게 파행을 해야 하는지, 잘못이 있으면 정당하게 수사를 받고 책임질 일은 책임을 지고, 문제가 없으면 문제가 없다고 당당하게 밝혀서 국방부 사업 예산은 제대로 집행되게 해야 하지 않겠냐고 말했다. 이런 문제를 핵심 참고인이 사라졌다고 해서 앉아서 기다릴 수만 없으니 내가 해결하고 오겠노라고 상의했다.

법무비서관은 "자칫 잘못하면 외교 문제가 될 수 있으니 미국 가는 것에 신중해야 한다"는 태도를 보였다. 그러나 언론에 보도되고, 인구에 회자되고 있는 스캔들이 어디서부터 어디까지가 사실인지를 확인해야 이 사안을 총체적으로 풀 수 있다고 생각되었다. 내게는 그녀에 대한 수사권이 없고 면담하는 정도의 일이었으니 어떤 문제를 야기하지 않을 것임도 알고 있었다. 나는 업무에 관한 한 성질이 급했다.

돌아와서 이번에는 국방부 장관을 만났다. 국방부 장관과 독대한 나는 현금 500만 원을 내놓으라고 했다. 비행기표 값이었다. 미국에 가서 사실관계를 파악해야 이 일이 해결될 것이므로 다녀오겠노라고 했다. 그러자 청와대와 상의했느냐고 물었다. 장관의 의도는 청와대의 승인을 받았느냐는 의미였겠지만, 나는 꼭 문제를 해결하고 싶은 욕심에 당연히 만나 상의했노라고 답했을 뿐 비서관의 신중한 의견에 대해서는 굳이 보고할 필요가 없어 하지 않았다.

장관이 준 돈 500만 원을 들고, 미국 변호사 자격이 있는 영어 잘하는 국제법과 행정장교를 대동하고 미국행 유나이티드 에어라인에 몸을 실었다. 한국 정보기관의 시선을 피하기 위해서는 국적기를 탈 수 없었다. 연락책을 통해 그 여성 로비스트와 만나기로 한 LA 호텔에 도착했다.

그녀가 묵고 있는 호텔은 스위트룸처럼 넓고 화려했다. 2m는 족히 되어 보이는 거구의 흑인 경호원 두 사람이 호텔방 입구에 권총을 찬 모습으로 서 있었다.

방에 들어가니 큰 원탁 의자에는 하버드 법대 출신이라는 유태인계 변호사가 배석해 있었다. 상견례를 한 다음 대화를 막 시작하려는데, 호텔방 문이 열리더니 황금 쟁반과 그릇 위에 먹음직한 일식 음식이 담긴 룸서비스가 도착했다. 내 인생에서 처음 본 참으로 화려한 식탁과 정찬이었다. 나는 벌떡 일어나서 바로 상을 치우지 않으면, 단 한마디도 하지 않겠다고 말했다. 실랑이 끝에 우리 일행은 다시 연락하자고 하면서 자리를 박차고 일어나버렸다.

우리는 무기 거래와 관련된 사안인 만큼 혹 있을지도 모를 해코지를 피해 호텔 뒷문으로 빠져나와 변두리 호텔로 다시 숙박할 장소를 옮겼다. 그리고 한참을 기다리고 있으니 그쪽에서 연락이 왔다. 도대체 자기가 잘못한 게 뭐가 있길래 한국 정부가 괴롭히는지 모르겠다면서 항의했다. 충분히 이해가 가는 얘기였다. 왜냐하면 미국에서는 로비가 합법이고, 군사기밀보호법 같은 법률은 없기 때문이었다.

그다음 날 우리는 다시 허름한 호텔방에서 만나 논스톱으로 28시간을 대화했다. 일종의 면담 같은 분위기로 보면 된다. 그녀는 한국에 돌아가고 싶고, 책임질 일이 있으면 책임지겠다고 했다. 문제는 군 수사기관이 자신을 최종적으로 처리할 권한이 없다는 것을 그녀도 알고 있었고, 아무런 권한도 없는 군법무관인 나를 어떻게 믿을 수 있냐면서 입을 열지 않았다.

결국 나는 한국 대검찰청의 중수부장에게 전화를 걸 수밖에 없었다.

삶의 터전이 가장 살기 좋은 품격 있는 행복도시로 진화하고 번영하는 데 앞장설 것이다. 이것이 마지막 남은 나의 사명이다.

IV

한미동맹과 K방산을 위한 헌신

— 전투기 추락사고로 K방산이 벤치마킹해야 할 부분

전투기 추락사고의 원인조사와 제조물책임에 관한 법적 자문 업무를 도왔던 얘기다. 전투기가 추락했다. 조사 결과 엔진과 연료탱크를 연결하는 연료공급 파이프(연료도관)에 부식이 생겨 기름이 새나간 것 때문에 사고가 난 것으로 밝혀졌다. 이렇게 조사 과정에서 사고원인이 밝혀지는 경우가 그리 흔하지 않았다. 조종사가 순직하면 대부분 조종 미숙으로 처리되는 경우가 허다하다는 불만들도 많았다.

사고원인이 항공기의 설계나 제작상의 결함임이 확인되면 제작회사는 제조물책임법상 책임을 부담해야 한다. 제조물책임은 제조물의 설계 제작상의 결함으로 인해 손해가 발생한 경우, 제작회사가 손해배상 책임을 지는 제도를 말하며, 제조물책임법이 규율하고 있는 영역이다. 구체적으로는 기체 가격, 조종사 피해, 그리고 추락사고로 인한 제3자의 생명, 신체와 재산 피해를 합하면 피해액은 엄청나게 커지게 된다.

이 사안에서의 문제는 엔진 제작사의 제품에 결함이 있음이 명확하게 확인되었고, 업체도 이에 수긍했지만, FMS(대외군사판매) 제도가 문제였다. FMS 제도는 미국 정부가 자국의 장비를 도입하고자 하는 우방국을 대신해 군수업체로부터 미군 조달장비와 동일한 조건으로 장비를 구매 · 판매하는 것이다. 이 과정에서 미국 정부는 자국 군수업체에서 생산한 제품을 검사하고, 일정 기간 품질을 보증하게 된다.

이처럼 정부 대 정부, 즉 미국 정부와 한국 정부 간 계약 같은 경우, 계약조건상 면책조항이 삽입되어 있어서 항공기나 엔진 제작사에 제조물책임을 묻기 어려웠다. 그리하여 최종적으로는 엔진 제작사인 미국의 A사가 엔진 2대를 무상으로 한국 공군에 지원하는 것으로 사안이 종결되었다.

이 사례는 한국이 해외 방산 수출 강국으로 부상함에 따라 벤치마킹이 필요한 부분이다. 즉 우리 무기체계가 경쟁력을 갖추고 있는 경우, 외국 정부가 우리 제품을 살 것이 예상될 때는 계약조건들을 우리 측에 유리하게 끌고 가는 협상을 할 수 있다. 이때 미국 정부가 정부 간 계약 방식에서 면책 조건을 활용하는 방식을 우리도 도입할 필요가 있다.

그러나 미국의 FMS 판매 제도는 무기체계를 연구 개발할 때 우방국들의 수요를 미리 생산 물량에 반영함으로써 연구개발비 절감에 따른 가격 인하 효과 등 규모의 경제를 확보한 제도다. 또한 우방국과의 군사적 동맹 유지에서 무기체계의 상호운용성 효과 등을 고려한 것으로 그 역사가 매우 오래된 것이라서 우리 정부가 그대로 따라 할 경우, 대외 수출경쟁력을 제대로 확보할 수 있을지는 의문으로 남는다.

— 한미상호방위조약 제4조 '시설과 구역 공여 문제'를 다루다

○○시에 건설하는 해군 부두 축조와 관련된 MOA*를 검토하는 일을 맡았다. 이 업무는 국방부 차관보급의 ○○과가 담당하는 것인데, 국제법과 법무관의 임무는 MOA 문구의 적정성과 한국어와 영문 표현의 정확성 등 법적 자문을 제공하는 것이었다. 당시 실무책임자인 한 선배는 한국과 동맹국 간에 체결되는 MOA의 내용이 불평등하다는 생각을 피력하곤 했다.

당시 쟁점은 세 가지였다. 첫 번째 문제는 외교적 차원의 문제였으므로 국방부 수준을 뛰어넘는 이슈로 정리되었다. 두 번째 이슈는 한국정부에 새로운 토지를 공여해달라는 요청이었는데, 이 문제와 관련해서는 한미상호방위조약 제4조에 "미합중국의 군대가 대한민국의 영토 내와 그 부근에 배치하는 권리를 한국은 허여하고 미국은 이를 수락한다"고 되어 있기 때문에 우리 측의 반대 논리가 사실 설득력이 적은 것이었다. 그래도 이 문제를 한국 측 젊은 장교단은 한국 정부의 부담을 계속 요구하는 것에 대해 미국 측에게도 할 말은 해야 한다는 생각을 가지고 있었다. 세 번째 이슈는 축조될 부두의 건설과 사용을 위한 MOA의 내용이 합리적이고 공평한 것인가 하는 문제였고, 우리 팀이 집중한 주요 쟁점이었다.

세 번째 문제를 해결하기 위해 한미 간 실무 협상을 여러 차례 했다.

---

* 합의각서(Memorandum Of Agreement)

그래도 진척이 없자, 주한 미군 측의 요구로 장성급 대표단 회의를 하기로 합의했음에도 끝내 협상은 타결되지 못했다. 사실 내가 2년에 가까운 기간 동안 진행된 협상의 중심 역할을 하고 있었다.

하루는 투스타급 단장으로 구성된 한미 장성급 회의를 통해 모든 일이 잘 합의되는 분위기였다. 그런데 회의 말미에 미국 측 장군이 혹 의견이 있는 분은 말하라고 하는 것이었다. 그래서 나는 망설임 없이 손을 들어 "한미상호방위조약에도 불구하고 일방적이고 불공평한 조약과 조건들이 합리적으로 개선되기 전에는 이것이 함부로 수용되어서는 안 된다. 그것이 진정한 동맹정신이라 생각한다"라고 말했다. 그러자 미국 대표는 바로 회의 결렬을 선언했다.

그 후 그가 초대한 식사 시간에는 다음과 같이 마무리 인사말을 했다. "오늘 정말 동맹 강화를 위한 멋진 회의에 감사한다. 특히 영특한 법무관*을 포함하여." 나는 사실 그 미국 장군이 나를 칭찬하는 것이 아니라 점잖게 꾸짖은 것이라는 생각이 들었다.

당시 회의장에는 미국 정부에서 나온 연방검사로 보이는 정장 차림의 신사가 마치 감독관처럼 양측 회의 대표가 앉아 있는 중간 모서리에 앉아 회의를 참관하고 있었다. 사실 내 주장은 다소 지엽적인 것이었기 때문에 한미상호방위조약의 취지와 제4조의 문언적 표현**에 비추어 한국 안보를 도와주고 있는 미국 측 입장에서는 유감으로 여길 부분도 없지

---

* "including smart lawyer"라고 했던 것으로 기억한다.

** 위 조약 제4조는 "상호 합의에 의하여 결정된 바에 따라 미합중국의 육군, 해군과 공군을 대한민국의 영토 내와 그 주변에 배치할 권리를 대한민국은 이를 허여하고 미합중국은 이를 수락한다"고 되어 있다.

않았다. 그럼에도 주한 미군 대표인 장군은 동맹국의 법무장교 말을 존중한다는 태도를 즉각적으로 보였다.

대국으로서의 오랜 외교 회담의 노하우라고 생각되었다. 사실 나도 계급이 낮은 상대국 법무관의 의견을 신줏단지 모시듯이 존중하는 태도를 보이는 그런 장군은 처음 보았다. 인간적으로 많은 감동을 받았던 것도 사실이다. 하여튼 이런 경위로 이 문제는 거의 2년 동안 해결되지 않고 있었다.

— 한미 간 MOA 타결 과정에서 국익을 위한 고군분투 에피소드

이후 MOA는 더 이상 진척이 없었다. 그러다가 ○○실장이 새로 보임되었다. 그는 능력과 카리스마로 유명한 유능한 3성 장군이 보직되었다. 얼마 후 ○○실장이 직접 나서서 이 문제와 관련된 한미 간 MOA 체결을 위한 국방부 조약위원회를 개최했다. 나는 물론 위원의 한 사람으로 참여하게 되었고, 해군 실무자, 국방부 ○○과, 국방부 조약위원회 위원 등 20여 명이 참석했다.

위원장인 신임 실장은 거침이 없었다. 한미 간 합의가 지연되어온 것에 대해 실무자들을 나무라고 나서 회의 안건을 상정했다. 발언 기회를 얻어 세 가지 쟁점에 대한 나의 생각과 MOA 불균형성에 대해 지적하고, 동맹관계일수록 오래가려면 일방적인 것을 지양하고 상호 합의를 통해 진정으로 함께 갈 수 있도록 양국이 함께 노력해야 한다는 총론적 입장을 언급했다.

그리고 MOA의 구체적 조항들에 대한 우리 팀의 정리된 의견을 개진하면서, 나는 반대표를 던질 것이라고 주장했다. 그는 내 발언을 중간에 자르더니 갑자기 나를 향해 "빨갱이 같으니라고"라면서 비난했다. 그리고 바로 조약안 통과 안을 투표에 회부했다.

분위기 때문이었는지 투표 결과 나만 반대한 것으로 나왔다. 그러자 한 위원이 어차피 다수결 원칙으로 '통과'로 결정난 것인데, 굳이 한 표를 반대표로 남겨두면 장차 한미관계를 고려할 때 부담스럽다면서 나를 설득했다.

나는 어차피 결론이 난 마당에 끝까지 우길 일은 아니라고 생각했다. 무엇보다 그동안 일련의 과정을 통해 우리도 얻은 것이 적지 않다고 생각했다. 그것은 한미 간의 진정한 동맹관계를 위해 나아가야 할 방향에 대한 젊은 한국 장교단의 생각을 미국 측에 효과적으로 전달했다는 일종의 성취감 같은 것이었다. 나는 "그렇다면 일단 내 입장을 찬성으로 바꿀 테니 나에게 빨갱이라고 한 것에 대해 발언 기회를 주면 고려해보겠다"고 했다.

위원장은 그렇게 하겠다고 약속했고, 투표 결과 예상대로 조약안은 다시 만장일치로 종결되었다. 그런데 위원장은 나에게 발언 기회도 주지 않고 바로 의사봉을 3회 내려치더니 회의 종료를 선언해버렸다.

나는 좀 전에 약속한 것을 지켜달라고 요구했다. 그러자 그는 나에게 말해보라고 했다. 나는 다음과 같은 취지로 말했다.

"조약위원회가 위원회 제도로 운영되는 이유는 계급사회인 군이라도 국익을 고려하여 위원회 제도를 통해 충분한 의견 개진, 찬반의 의사표시, 소수의견에 대한 다수의견의 설득 과정을 통해 최선의 결과를 도출하라는 의미다. 그렇게 함이 국익에 최선의 결과를 보장할 수 있기 때문이다. 그런데 자기 의견과 다르다고 하여 군대 하급자인 위원을 빨갱이라고 인신공격을 하는 것은 문제가 있다. 이제 그 모습을 이 자리에 배석한 어린 장교단들이 모두 보고 익혔으니, 앞으로 국방부 회의는 제대로 자기 의견을 개진하면 손해를 보게 된다는 인식이 퍼질 것이다. 이는 국익의 심각한 저해를 야기할 것이니 즉시 참석자 앞에서 사과하라고 정중하게 요청드린다."

순간 회의실 분위기는 찬물을 끼얹은 듯했다. 어느새 위원들이 하나 둘씩 빠져나가고 있었다. 나는 마지막까지 남아 있다가 그 자리를 빠져나왔으나 기분이 좋지 않았다. 사무실에 돌아와 웅크리고 앉아 있었다. 점심을 먹을 생각도 나지 않았다.

잠시 후 ○○과장이 내 방을 찾아와서는 자기 입장을 고려해달라고 애원했다. 장군이 점심 식사도 하러 가지 않고 담배만 피우고 있으므로 가서 사과를 좀 해달라는 것이었다. 나는 입장이 곤란해진 선배를 생각해 자리에서 일어나 장군의 방으로 갔다.

그는 나를 보더니 담배를 권하고는 말을 꺼냈다. "자네에게 오늘 배웠네. 앞으로도 그런 자세를 견지하면서 계속 임무를 수행해주게." 정말 뜻밖의 말을 하는 것이었다. 내 눈에 그는 한마디로 정말 멋진 장군이었다. 미국 장군처럼 우리도 이런 멋진 장군이 있다는 점에서 마음 뿌듯했다.

그날, 2년 동안 국익을 위한다는 명분으로 버티었던 사안이 최종적으로 미국 측이 원하는 원안대로 처리되었다. 한국 해군이나 ○○정책과 등 실무자들에게는 아쉬움도 있었겠지만 내 마음은 홀가분했다. 솔직히 말해서 나는 이 기간 동안 한미상호방위조약과 한미동맹 관계에 대해 실무 협상을 준비하면서 한미상호방위조약이 체결된 경위, 각 조항의 취지와 의미 등에 대해 나름 개념을 잡을 수 있게 되었다.

위 세 가지 쟁점에 대한 우리 실무진들의 생각은 한미 고급장교단의 생각과 같았고, 이번 MOA의 결론과도 다른 부분이 없었다. 다만 일방적인 한미관계가 아니라, 우리 측의 정당한 입장 개진과 많은 논의를 거쳐 합의에 도달하려는 상호 노력이 있었다는 점에서 향후 발전적인 한미관계 형성에 조금이라도 도움이 되었을 것이라는 확신이 들어 한편으로 흐뭇했다.

— 주한미군 기지 이전사업과 'Y작전'

내가 합참 법무실장으로 근무할 때의 일이다. 한미상호방위조약 제4조는 "상호적 합의에 의하여 미국의 육군, 해군과 공군을 한국 영토 내와 그 부근에 배치하는 권리를 한국은 이를 허여하고 미국은 이를 수락한다"고 규정하고 있다. 이에 따라 미군은 한국의 전역 여러 곳에 배치되어 있는데 이를 한 곳으로 통합하는 논의가 한미 간에 진행되었고, 참여정부

들어서 주한미군 기지 이전사업으로 본격 추진되었다. 즉, 미국 정부와 한반도 남한 지역에 흩어져 있는 미군이 점유하고 있는 '구역과 시설(area and facility)'을 한국 정부에 반환하고 평택에 미군기지를 신축하여 그곳으로 주한미군을 통합하기로 합의한 것이다.

이 사업은 국회의 승인을 거쳐 예산이 배정되고 관련 사업단이 창설되어 추진되었다. 이를 위해 국무총리실과 국방부는 주한미군기지이전사업단을 만들었다.

그런데 평택 대추분교를 점거한 시위대가 주한미군 철수를 주장하면서 사업추진을 방해했다. 시위가 장기화되고 격화되자 경기경찰청은 국방부 사업추진을 위한 행정 응원격인 경력지원을 중단하겠다는 최후통첩을 할 정도여서 이를 추진하는 국무총리실과 국방부 사업단에는 고민이 많았다. 예컨대 국방부 사업단장을 포함한 일행들이 현지에 도착하면 시위대가 차를 막아선 다음 연세가 많은 시위대원이 차 밑에 거적을 깔고 드러누워버려서 그 차는 종일 오지도 가지도 못하는 사태가 연일 계속되었다. 이로 인해 사업추진이 지연됨에 따른 막대한 이자 손실을 감당해야 했고, 미군기지 이전 프로젝트는 파행을 거듭하게 되었다.

나는 당시 합참 법무실장이었다. 한미연합작전 등 동맹국 간의 군사작전이나 전략 등과 관련된 폭넓은 법적 자문을 제공해야 하는 직책이었으므로 이 문제에 대해 깊은 관심을 가졌다. 언론을 통해 대추리 사태를 심각하게 지켜보면서 이 문제를 부작용 없이 해결할 묘안을 고민하고 있었다.

사업추진이 지연되면 하루 이자만 해도 엄청난 국고 손실이 초래되고, 한미연합작전이나 작전통제권 환수 등에도 부정적 영향을 미칠 수 있다. 주한미군 철수 시위는 시위대대로 하면 되는 것이고, 동맹국 간의 합의된 대규모 국책사업은 추진 일정에 따라 진행됨이 마땅하다고 생각했다. 우리 정부와 국회가 그렇게 합의했기 때문이다.

사업부지를 시위대와 가장 부작용 없이 분리시켜 주한미군 기지 이전사업이 원활하게 추진되게 하는 것이 쟁점이었다. 나는 주민들과의 갈등이 있는 아파트재건축사업 현장에서 원활한 사업추진을 위해 키 높이보다 높은 철판으로 사업지구 둘레를 막아놓고 공사하는 경우를 본 일이 있는데, 결국 평택기지가 들어설 약 500만 평의 논밭에도 그러한 안전장치를 할 수밖에 없을 거라는 결론에 다다랐다.

그런 다음에 이를 가능하게 할 방안을 찾아냈다. 구 〈군사시설보호법〉 제7조 2호에 의하면 철조망이 설치된 부대 안으로 들어가려면 부대장의 승인을 받아야 하고 그것을 위반하면 〈군사시설보호법〉에 의거하여 징역형에 처해진다. 나는 이 지역을 군사시설보호구역으로 지정하는 것이 합리적인 방안이라고 생각했다. 그리고 국방부의 보호구역 지정행위가 있을 경우 시위대 등에서 철조망 철거 소송이나 군사시설보호구역 지정을 취소하라는 행정소송이 들어올 것인데, 그에 대한 대응방안도 검토해보았다.

생각해보니 미군기지가 들어서게 될 대추리 지역을 중심으로 한 광대한 평택 미군기지 사업지는 당시 논밭으로 되어 있었지만, 이 사업추진을 통해 국방부가 수용한 상태였다. 수용된 토지는 등기 이전이라도 이미 국가의 소유가 되는 것이므로 국가 땅에 철조망을 설치한다고 하더라도 시위대를 포함한 주민들의 재산권이 침해되는 일이 있을 수 없으므로 이 사안에 대해서는 누가 소송을 제기해오더라도 독일 행정소송법에서와 같이 소의 이익을 판단함에 있어서 '적법성 보장설'을 취하지 않는 이상 승소할 수 있다는 생각에 이르게 되었다.

그러던 어느 날 주한미군기지이전사업단장 김모 소장으로부터 안부와 업무협조를 구하는 전화가 왔다. 국무총리실에서 대책회의가 있는데 사업단 법무실장이 휴가 중이라서 법무관이 한 명 가야 하는데 합참에서 좀 보내달라는 것이었다. 나는 내가 가겠다고 대답하고 회의에 참석했다. 각 부처에서 참가한 위원들이 차례로 발언했지만, 시위대가 스스로 중단하지 않는 이상 국무조정실장이 이끄는 회의에서 뾰족한 대책이 나올 리 없는 형국이었다.

드디어 나에게 발언권이 왔다. 나는 짤막하게 말했다. "시위대가 사업부지로 들어올 수 없게 막으면 된다"라고. 순간 회의 참석자들이 나를 바라보는 눈초리가 마치 '저런 멍청한 법무관을 봤나' 하는 표정이었다. 그 넓은 대지에 시위대가 방해하고 있는데 언제 어떻게 막는단 말인가? 아마도 그런 생각이었을 것이다. 나는 거기서 말을 멈추고 자리에 앉았다. 회의가 끝난 후 장관급 책임자라는 분이 나를 옆자리에 오게 했다. 그래서 나는 시위대와 사업부지를 차단하는 법적 근거와 방법 등에 대해 귀띔해주었다.

회의가 끝나고 국방부에 당도하니 합참 작전분야 고위직으로부터 호통을 치는 전화가 왔다. "니가 법무관 맞나? 함부로 상부에 가서 책임지지 못할 말을 해서 골치가 아프다. 방금 국방부 장관이 군사시설보호구역 어쩌고 하는데 군사시설보호 담당자에게 문의하니 논밭에 군사시설보호구역 지정은 불가하다고 하더라." 그래서 나는 그분께 "그러면 제가 법적 질의서 초안을 만들어드릴 터이니 군사시설보호과로부터 법무실에 질의하게 하고 우리 법무실에서 그에 대한 답변을 드리는 방법으로 이 일을 추진하면 뭐가 나중에 잘못되더라도 법무실장인 제가 책임지면 되지 않겠습니까?"라고 말씀드렸다. 내가 생각하는 방안에 대해서도 구체적인 설명을 드렸다.

법령상 군사시설보호구역은 부대의 울타리로부터 500m 혹은 1,000m 범위 내에 설치하도록 되어 있었다. 철조망 안을 보호구역으로 지정하는 것이 가능한지가 문제 되었는데, 물론 해석상 가능하다고 본 것이다.

어쨌든 합참 법무실장인 나의 논리를 믿어보기로 한 것인지 국방부와 합참은 이후 소위 'Y작전 개념'을 시행하게 되었다. 즉 시위대가 있는 반대편 강을 통해 새벽에 공병 도하장비를 설치하여 상의 체육복을 입은 비무장한 군인들을 행군하여 사업장에 들어오게 하고, 헬기가 공중에서 윤형 철조망을 내려주면 그것으로 장병들이 사업부지 가장자리를 빙 둘러서 설치하고, 사업부지 중간에는 견고한 철조망으로 보호되는 증강된 1개 공병중대 병력을 투입하여 〈군사시설보호법〉 제7조 2호에 근거하여 시위대가 더 이상 사업장 부지로 들어올 수 없게 법적 보호조치를 하는 개념이었다. 작전은 대성공이었다.

이 작전 시행 이전에 국방부는 이 지역을 군사시설보호구역으로 지정하는 위원회도 개최했다. 다만 국방부는 해당 지역을 군사시설보호구역으로 지정하려면 지자체장 등의 의견도 들어야 했으므로 사후 제기될 법적 하자나 그에 대한 법적 쟁송의 소지를 없애기 위해 위원회 의결주문에 부관도 부쳤다. 즉, "군사시설보호구역 지정의 효력은 철조망 설치와 군 병력의 배치가 완료된 때로부터 그 효력이 있다"고 부관부 행정처분을 한 것이다.

얼마 후 '민주사회를 위한 변호사 모임(민변)'에서 "맨땅 위에 군사시설보호구역을 지정한 행위는 위법하다. 또한 군사시설이 설치되기 이전에 이를 보호구역으로 지정한 행위는 위법하므로 그 처분은 취소되어야 한다"고 행정소송을 제기했다. 하루는 법무관리관실에서 불러서 가보니 되지도 않을 군사시설보호구역 지정을 하여 소송만 당했다며 짜증을 냈다. 그래서 내가 소송을 수행할 것이니 사건을 나에게 보내라고 말했다. 결국 내가 이론을 제공하고 송무 수행업무는 송무장교인 단기장교가 법정을 다니는 것으로 소송수행업무가 진행되었다. 예하부대 어떤 참모는 나의 아이디어를 비난하는 법무관 세미나를 열기도 했다.

소송에 대한 대응논리로 나는 우선 본안전 항변으로 시위대를 포함한 인근 주민들이 군사시설보호구역 지정처분의 취소를 구할 소의 이익이 없다고 주장했다. 그 땅은 수용을 통해 국방부에 소유권이 이전되었기 때문이다. 본안과 관련하여 민변 측은 "군사시설이 들어서기로 되어 있는, 당시 대부분이 논과 밭의 모습을 하고 있는 상황을 과연 보호되어야 할 군사시설로 볼 수 있는가?"라고 주장했다.

이 쟁점에 대한 국방부 측 논리는 "한국 정부는 미국 정부와 군사기지를 이전하기로 합의했고, 국회의 승인을 받았으며, 국방부는 국회로부터 예산을 받아 수용을 통해 대상 토지에 대한 소유권을 획득했다. 주한미군기지이전사업단이 주한미군 기지 이전을 위한 군사시설을 건설하기 위한 첫 삽을 뜬 때로부터 그 지역은 군사시설로 보호받아야 한다고 보는 것이 합당하다. 그렇게 보지 않을 경우에는 건설 중인 군사시설은 전혀 보호받을 수 없게 되어 입법 취지가 몰각되기 때문이다"라고 주장했다.

법원은 본안전 항변에 대해 인근 주민의 이동권을 제약할 수 있으므로 소의 이익은 인정된다고 판시하면서도 본안 판단에 있어서는 내가 주장한 논리를 대부분 그대로 인용했다. 국가가 승소했고 민변은 항소를 포기했다.

판결이 선고되기 직전 합참의장이 모든 장군이 참여하는 공개 회의 석상에서 나에게 "이 소송에 승소할 자신이 있느냐? 패소하면 옷을 벗어야 한다"고 말했다. 나는 패소하면 바로 전역하겠다고 답했다.

내가 이렇게 자신이 있었던 것은 나는 항상 "먼저 이겨놓고 싸우라"는《손자병법》〈형편(形篇)〉에 나오는 말처럼 싸우기 전에 먼저 정확한 분석과 이에 따른 확실한 대처를 한 후 싸움에서 승리를 확인하는 방식으로 준비했기 때문이다. 나는 충분히 승산 가능하다는 데 직을 걸고 전력투구했던 것이다.

돌이켜보면 이 사업은 노무현 참여정부가 그나마 합리적으로 결정한 정책이었다. 대한민국의 안보와 한미동맹의 굳건한 미래를 위해서도 필요한 사업이었다. 그럼에도 시민단체와 민변 같은 참여정부의 우호세력이 적극적으로 반대하고 나서자, 정권 차원에서 더 이상 추진하기 어려운 모호한 입장이 되었던 것 같다. 그래서 항간에는 참여정부가 주한미군 철수를 유도하기 위해 애초 이 사업을 추진하는 것은 아니냐는 의혹마저 있었다.

사정이 이렇다 보니 국방부 내에서도 정권의 기류에 동조하여 이 사업에 소극적인 세력이 분명히 있었다. 어떤 부서는 내가 적극적으로 나서고 논리를 개발한 것을 비난하는 세미나까지 열었을 정도였기 때문이다. 또 설혹 반대까지는 아니더라도 정권이 적극 나서지 않는데 공연히 나서서 힘들게 한다고 생각하는 기회주의적인 처신을 하는 군인들 또한 있었다. 이러다 보니 국방부 전체 기류는 반드시 관철하겠다는 결연한 의지가 부족했고, 청와대 눈치를 보며 어정쩡한 스탠스를 보였던 것 같다. 그런 정권의 기류와 상관없이 사업 성공에 필요한 법적 논리와 아이디어를 계속 제공한 내가 탐탁지 않게 여겨졌을 것이다.

그래도 나는 당시 군인 신분이었기 때문에 정권의 기류 같은 것과 상관없이 오직 국가안보를 최상의 가치로 여기고, 그 가치에 따라 최선의 행동이 무엇인지 생각하고, 내가 옳다고 생각하는 바대로 합참의장 면전에서 직위까지 걸면서 나섰던 것이다.

— 해외 무기체계 구매 관련 국제중재 소송

내가 국방부 국제법과에 있을 때인 1996년경은 조달본부 시대였다. 모든 정부계약 업무가 국방획득관리규정에 의해 이루어지고 있었다. 이 분야는 국가계약의 특수 분야라는 인식하에 〈국가를 당사자로 하는 계약에 관한 법률〉은 직접 적용되지 않는다고 생각했다. 오늘날의 〈방위사업법〉은 조달본부 체제가 방위사업청 체제로 변경되면서 도입된 것이므로 당연히 적용되지 않았다. 방산 분야 육성을 위한 〈방위산업에 관한 특별조치법〉이 시행되고 있었다.

한편, 1980년대 들어서서 무기체계 해외도입사업이 활성화되었고 당시에는 조달본부 군인, 군무원들이 계약업무를 다루던 때여서인지 아니면 다른 정치적 배경 때문인지 종종 계약과 관련하여 법적 문제나 시비 등으로 문제가 발생하곤 했다.

당시 해외도입사업 계약 절차는 조달본부가 외국 업체와 협상을 통해 먼저 가계약을 체결하고, 그 계약안을 국방부로 보고하면 예산을 총괄하는 사업조정관실에서는 사업의 타당성 등을, 법무실은 계약조건의 적정성 등을 검토한 후 종합적으로 미비점을 반영한 최종 계약을 체결하는 절차로 진행되었다. 그러므로 계약 관련 법률적 분쟁도 당연히 국제법과가 담당하게 되어 있었다.

당시 국제법과는 통상 조달본부에서 500만 달러 이상 해외도입사업과 관련하여 법적 의뢰를 받으면 "귀 부서 의견대로 하심이 타당함"이라고 짤막하게 의견을 내는 경우가 많았다고 한다. 그런데 내가 온 이후로는 아무리 사소한 사안이라도 법적 검토가 필요한 사안이라고 생각되면 밤을 새워 문제점을 찾아보려고 애썼고, 그로 인해 종종 제동이 걸리는 사업들도 있었다.

그러던 중 하루는 국방부에 제보가 들어왔다면서 그 업무가 우리 과에 배당되었다. 그 사건의 요지는 다음과 같다. 즉, 1980년대 한국군은 미국 방산업체 B사로부터 항공기 ○대를 도입했는데, 이 사업은 한국의 D사가 미국 회사를 위한 중개상을 맡았다. 양사는 중개료계약에서 중개료를 전체 계약금액의 5%로 정했다.

B사는 한국 정부에 이 사업 판매가를 ○○○만 달러로 제안했다. 미국 회사가 제안한 위 판매 제안가에는 항공기 가격과 그 판매가격의 5%인 중개수수료가 포함되어 있었을 것이다.

그런데 당시 정호영 국방부 장관이 조달본부 업무보고를 받으면서 중개료가 판매가격의 5% 정도라면 거래금액이 큰 대형 무기체계 거래에서는 국고 부담이 지나치게 과다하므로 중개료 상한을 400만 달러 정도로 제한할 것을 지시했다.

장관의 지시에 따라 조달본부는 규정을 정비했다. 그러자 미국 회사는 조달본부 내규가 변경되었기에 이를 중개료 계약에 반영하고자 중개상에게 수정계약 체결을 요구했다. 수정안은 "중개료는 계약금액의 5%로 한다"에서 "한국의 법률, 대통령령, 조달본부 내규 등이 달리 정하지 않는 한 중개료는 5%로 정한다"로 단서가 추가되었다. 중개상은 중개료 수정계약서에 서명했다.

이후 사업은 잘 추진되었고, 이행 완료되었다. 수정계약에 따라 미국 회사 B는 한국 중개상 D에 400만 달러만 송금하고는 더 이상의 중개료 지급을 거절했다. 그러자 한국 중개상은 미국 법원에 '전체 계약금액의 5%-400만 달러'의 차액을 지급하라는 소송을 제기했으나 최종 패소하고 말았다. 그 후 중개상은 실제로는 항공기 가격에 전체 계약금액의 5%가 포함되어 있음에도 미국 회사가 중개상에 400만 달러만 지급하여 차액만큼 부당이득을 취한 것이니 차액인 '전체 계약금액의 5%-400만 달러'를 돌려받게 해달라는 공문을 국방부로 보낸 것이었다.

국제법과 실무자인 나에게 이 업무를 검토하라는 지시가 하달되었다. 나는 조달본부 자료 확보와 당시 업무 담당자들을 수소문하여 사실관계를 파악하기 시작했다. 업무 담당자들은 무슨 연고인지 대부분 자진 사직한 상태였고, 군무원 실무자 1명만 남아 있었다. 조달본부는 처음엔 자료협조에 소극적이었지만, 노력 끝에 사업과 관련된 방대한 분량의 자료들을 확보할 수 있었다.

판매자인 미국 회사와 한국 정부 간 계약서의 중재조항을 검토한 결과, 이 사안은 파리국제상사중재원에 의해 처리되도록 되어 있었고 준거법은 한국법이라는 사실을 확인한 후, 그 파리국제상사중재원에 가서 교육을 받기도 하고 관련 한국법 관련 조항들을 리서치하기도 했다. 그리고 이 문제를 성공적으로 수행하기 위해 미국 로펌을 방문하여 국제중재 절차 경험을 가진 변호사를 만나서 사건처리 절차, 승소 전망과 수임료 등에 대해 상의하기도 했다.

이 사안의 쟁점은 미국 회사가 한국 정부에 판매한 매매대금에 중개료가 5% 반영된 것인지, 아니면 400만 달러만 반영된 것인지 확인하는 것과, 국가채권 소멸시효인 5년이 경과한 사안인데 국제중재에서 승소 가능성이 있을까 하는 문제였다.

첫 번째 이슈는 미국 회사만이 알 수 있는 자료였다. 소멸시효에 대해서는 내가 의견을 들으러 찾아갔던 미국 로펌 화이트앤케이스(White&Case) 소속 전문가 변호사가 시효 제도는 나라마다 상이하고, 중재는 각 당사자 간의 형평성 있는 판단을 구하는 절차이므로 한국법상의 시효 제도가 결정적인 영향을 미치지는 않을 것이라는 의견을 주었다.

많은 분량의 사업 관련 자료들을 매일 훑어보았다. 눈에 먼저 들어오는 문제는 중개수수료보다 우리 정부가 구입한 가격이 많이 비싼 것으로 보인다는 점이었다. 이 사안은 한국 중개상의 호소가 언론에 보도되었고, 국방부 국정감사장의 쟁점이 되기도 했던 데다가 각국 무관부로부터 받은 자료에 의하면 한국 정부가 구입한 가격이 다른 우방국들이 구입한 가격보다 상대적으로 높아서 혹 바가지 구매를 한 것은 아닌가 하는 의혹도 있어 결국 이 사안은 중재 절차를 적극 추진하기로 방침이 정해졌다.

사업 관련 자료 중 “미국 회사는 한국 정부가 일정한 시한을 넘길 경우 항공기 생산라인을 폐쇄했다가 다시 열어야 하는 비용 부담으로 가격이 더 올라갈 수 있다”고 경고하는 서신들이 발견되었고, 미국 회사는 이를 ‘비순환비용(nonrecurring cost, 연구개발 시 들어가는 비용)’*이라고 설명하고 있었다. 실제로 국제중재 과정에서 미국 회사는 위와 동일한 논리로 ‘비순환비용’의 증가가 본건 계약의 무기체계 가격의 상승 원인이라고 설명했다.

국제중재 소송 준비를 위해 우리 측 중재 대리인 팀과 우리 국제법과 팀은 1년여 정말 열심히 일했으나 중재 판정 결과는 결국 중재 소송의 제기가 국가채권에 대한 소멸시효 5년, 민사상 소멸시효를 적용하더라도 10년이 이미 지났으므로 청구가 불가하다는 이유로 기각되었다.

사실 예상하지 않았던 것은 아니나 소멸시효 문제로 기각한 중재 판정문을 받아보니 너무 허무했다. 언론은 이러한 결과에 대해 우리 팀을 비난했다.

판정은 이미 끝났지만 나는 끝까지 포기하고 싶지 않았다. 분명히 이 사안에서는 업체가 뭔가 부당이득을 본 것이 맞는다는 생각이 들었고, 그렇다면 한국 정부와 지속적 신뢰를 유지하면서 윈윈하는 관계로 거래관계를 유지하려 한다면 미국 회사도 한국 정부에 최소한의 성의는 표하게 하는 것이 바이어로서 최소한의 자존심이나 권리가 아닐까 하는 생각이었다.

이에 중재 절차를 위한 기초자료 조사 과정에서 얻은 자료와 정보

---

* 새로운 제품을 연구 · 설계 · 검사하는 최초의 비용을 말한다. 기존에 생산되던 기종이라도 일정 기간 동안 수요가 없어지면 그 생산라인이 폐쇄되므로 폐쇄된 후 이를 다시 생산하려고 라인을 열려면 최초 개발비와 같은 추가비용이 더 들어갈 수 있다는 의미로 이해되었다.

등을 바탕으로 해외 도입 계약 시 바가지 구매를 피하기 위한 다양한 개선 방안에 대해 20쪽 분량의 보고서를 작성하여 국방부 장관에게 보고했다. 장관은 이를 즉각 반영하도록 조달본부에 지시했다.

개선 방안 중 대표적인 것으로는 ① 해외 무기체계 가격정보과를 신설하여 바가지 구매를 당하지 않도록 하는 것, ② 원가분석 능력을 구비하도록 하여 외국 회사와 가격 협상 시 자체 원가분석 능력을 가지도록 하는 것, ③ 문서실명제와 계약실명제를 도입하여 십수 년이 경과한 후에도 책임행정을 하게 하는 것, ④ 가계약 체결 전 협상 과정부터 사안에 대한 법무관의 검토를 필하도록 하는 것 등이 핵심적 내용이었다. 후일 이러한 내용은 조달본부 내규 등에 반영되었고, 추후 〈방위사업법〉*에도 반영되어 있다.

— 국제중재 패소에 따른 감사 및 수감 후 대통령 표창

국제중재에서 패소하니 언론에서 비난 기사가 나왔다. 그 후유증으로 나는 국방부 감사를 받는 신세가 되었다. 나중에 알고 보니 국제중재의 대상이 된 항공기 도입사업의 실무자로 담당했던 분이 이후 승진하여 국방부 차관으로 있었던 것이다. 그분도 항공기 사업 담당자로서 나름 열

* 〈방위사업법〉 제5조는 정책실명제, 제8조는 방위사업에 대한 법률적 문제 등 검토 조항을 마련하고 있다. 위 두 가지 요소가 최초 장관의 지시로 조달 절차에 반영할 것이 논의되기 시작한 것은 내가 알기로는 나의 보고서가 최초였다.

심히 일했을 터인데 경험이 적고 아직 어린 젊은 법무관들이 10년이 지난 사업에 대해 조목조목 잘못되었다고 지적하며 휘젓고 다녔으니 마음이 많이 불편했을 것으로 추측되었다.

어쨌든 나는 이기기 어려운 사안을 로펌에 돈을 벌게 해주려고 사건화했다는 억울한 누명을 쓰고 국방부 감사관실의 감사를 받게 되었다.

당시 변호사 수수료는 정확히 1천만 원이었다. 국방부가 그전에 국제중재를 추진한 일이 없었으므로 사전에 중재를 수행할 변호사 선임 예산 확보가 안 되어 있었다. 중재 승소 경험을 가진 경험 있는 변호사를 구하려고 미국 회사에 찾아갔을 때, 그 회사는 변호사 비용으로 당시 금액으로 대략 5억 원에서 10억 원을 추산했다.

이렇게 많은 비용 지출이 예상되는 경험 많은 미국 법률회사를 선임하는 것은 불가능했기 때문에 그 몇십 분의 1도 안 되는 1천만 원이라는 적은 비용으로 한국 로펌의 전문성과 애국심이 강한 변호사를 선임했던 것이다.

감사팀은 두어 달간 우리 팀과 나를 뒤지고 묻고 또 캤다. 그러나 감사 결과 아무런 문제가 없는 것으로 나타났다.

그런데 감사 결과 국방부 감사실은 뜻밖에도 장관에게 나를 오히려 획득제도 개선에 기여하는 등 공이 있다며 포상 대상자로 추천했다. 나는 그 말을 듣고는 혼자 화장실에 들어가 한참 울었다. 소리 내어 울 수는 없었다. 이런 연고로 그해에 뜬금없는 대통령 표창을 받게 되었다. 나를 죽이겠노라고 들어온 방산 전문 감사팀은 오히려 나의 명예를 회복시켜준 셈이 되었다.

감사 절차가 끝난 이후에도 중개료 5%, 400만 달러에 대한 생각이

머리를 떠나지 않았다. 업체가 10여 차례 한국 정부에 제안한 가격의 변동과 조달본부 내규상 400만 달러 상한액 조항이 반영된 시기를 수도 없이 살펴보고 생각해봐도 중개료 5%가 분명히 가격에 포함되어 있다고 보는 것이 타당하다는 확신이 섰다. 시효 제도가 장벽이 되었다면 다른 방도를 써서라도 어떻게 해서든 그 돈을 받아오고야 말겠다는 생각이었다. 무엇보다 다시는 이런 일이 재발하지 않게 하겠다는 일념뿐이었다.

나는 며칠 밤을 새워 〈해외 도입사업의 문제점과 개선 방안〉이라는 보고서를 들고 장관을 직접 찾아갔다. 장관은 참 고생했다고 격려한 후, 조달본부에 보내 반영하라고 지시했다. 그러나 그것으로 끝이었다.

나는 다시 다른 방안을 강구해야 했다. 그래서 공문을 기안했다. 미국 회사와 한국지사에 동시에 보내는 공문이었는데, "귀 회사와의 중재 결과에도 불구하고 종래의 계약과 관련된 상당한 의혹이 해소되었다고 할 수 없으니, 한국 국방부는 향후 5년간 귀사와 거래하지 않겠다"는 최후통첩을 담은 공문이었다.

장관을 독대했다. 장관은 물끄러미 나를 쳐다보더니 내키지 않지만 어쩔 수 없다는 태도로 내가 제시한 공문에 서명해주었다.

공문이 미국 회사에 도착했을 무렵 나는 국제법 과장직과 국방부 검찰부장직을 겸직하게 되었다. 하루는 토요일 오전에 신임 차관이 찾는다는 전화를 받고 모두가 퇴근한 오후 2시에 차관과 독대했다. 차관은 인품이 훌륭하기로 소문이 나 있는 분이었다.

차관은 "미국 회사가 큰맘을 써서 소가(訴價)의 50%를 현물로 주기로 하겠다니, 그 정도면 어떤가? 만족할 만한 결과가 아닌가?"라고 물었다. 장관실에 가서 보고를 드리던 때가 생각났다. 윗분들에게 너무 공손하게 예의를 차리면 결코 뜻을 이루지 못할 수 있다는 것을 경험으로 배웠던 터였다.

그래서 일부러 좀 과도하게 행동하기로 마음먹었다. 혹 예의가 없다는 오해를 줄 수도 있겠지만, 인품이 훌륭한 차관님은 결국 나라를 위한 나의 충성심을 이해하실 거라는 믿음이 있었다. 그분의 인품을 그전에 익히 경험한 터였기 때문이다.

나는 벌떡 일어나면서 말했다. "차관님, 어제 신라호텔에서 왜 미국 회사 간부를 만나 식사하셨습니까? 높은 분들이 이런 식으로 식사대접 받으면서 일하시니 국방부나 한국 정부가 맨날 당하는 것 아닙니까? 한국 정부가 바가지 구매한 것 같은데, 확실히 중개료 5%까지 떼였다면 모두 되돌려 받아야지요. 미국 회사도 우리와 계속 사업하려면 돌려주어야지요. 저는 50%에 결코 동의할 수 없습니다"라고 말하고는 그 자리에서 나와버렸다.

결국 내 의견대로 미국 회사는 한국 국방부에 소가 전액에 해당하는 금액 상당만큼 수리 부속으로 보상한다는 내용으로 최종 합의해주었다. 아마도 끝까지 물고 늘어지는 한국 법무관에게 미국 회사가 질려버렸을지도 모를 일이다.

기본적으로 한국은 미국과 동맹관계에 있으므로 미국 정부와의 협력이 중요하고, 구체적인 플레이어에 해당하는 B사 같은 미국 회사도 우리 정부에 매우 필요한 존재라고 생각했다. 그래도 어린 법무장교의 생각으로는 좀처럼 오지 않을 절호의 기회에 치열한 조율 과정을 통해 진정한 신뢰관계를 형성해나가는 것도 필수라고 생각했다. 결국 내가 해낸 것이다.

— 애국심으로 밤새워 일했던 T-50 고등훈련기 연구개발사업 법률 지원

○○항공[후일 대기업 3사의 항공 분야가 합병되어 한국우주항공산업(KAI)이 되었음]이 미국 Y사와 'T-50 고등훈련기 연구개발'사업 가계약서를 체결한 후, 이를 바탕으로 한국 공군과 연구개발계약을 체결하는 순서로 3면 계약으로 추진하고 있었다.

당시 사업단장은 후일 방위사업청장에 임명된 공군 ○○○ 장군과 ○○○ 대령이 맡았다. 두 분 모두 실력과 인품을 두루 갖춘 분들이었다. 나는 우리 과 동료들과 연구개발 계약조건의 검토 업무를 담당했다. 당시 검토에 관여한 법무관들은 이 사업 계약조건에서 문제가 된다고 판단한 쟁점들을 찾아내어 사업단에 그것을 반영한 계약을 체결하도록 요청했다.

국제법과가 사업단에 제출한 검토 의견서에서는 합리적 계약조건의 확보가 사업 성공에 가장 중요한 요소라는 판단 아래 계약조건들이 한국 업체가 수용할 수 있도록 최대한 합리적으로 수정할 것을 요구하는 내용이었다.

그런데 미국 원천기술업체가 쉽사리 ○○항공의 건의에 응하지 않는 모양이었다. 그래서인지 ○○항공 측에서 우리 팀을 찾아와 매일 부탁하곤 했다. 군 출신인 한 간부가 우리 방을 자주 드나들었다. 동료 법무관들이 심혈을 기울여 검토·작성했고, 나도 100% 동의하는 지적 사항에 대해 이를 변경할 이유가 없었을 뿐 아니라 젊은 법무관들은 꿈쩍도 하지 않았다.

이런 상황에 업체가 법무 상관들에게도 불만을 토로했던 모양이다. 통상 토요일에는 단기 법무관들의 경우 동료가 결혼식을 하면 조금 일찍 퇴근하게 하고, 그 대신 금요일이나 월요일에 더 늦게까지 일하도록 편의를 봐주는 경우가 있었다. 그런데 평소와 달리 법무 상관들이 토요일 퇴근 시간에 우리 사무실에 와서 왜 법무관들이 일찍 퇴근했느냐고 잔소리를 하는 등 평소 없던 불편한 일들이 발생하곤 했다.

그러던 어느 날 한 법무 상관의 요청으로 ○○호텔에 가서 ○○항공측 인사들과 미팅을 하게 되었는데, 우리가 전혀 예상치 못했던 고급 일식 정찬이 나왔다. 나는 당황하여 동료 법무관에게 신용카드를 주면서 우리가 먹은 금액을 계산하라고 했다.

다음 날 그가 신용카드를 돌려주면서 어제 밥값을 내지 못했다고 말했다. 내가 왜 그랬느냐고 물으니, 누가 계산대를 지키고 있으면서 계산을 못 하게 했다는 것이다.

나는 음식값을 확인한 후 3/5에 해당하는 금액을 직접 소액환으로 바꾸어 그 회사 책임자 앞으로 편지와 함께 송부했다. 편지에는 "법무 상관과 귀사의 관계도 존중되어야 하지만, 저희 팀과 국가의 관계도 중요하니 앞으로 이런 일이 일어나지 않았으면 좋겠다"라고 했다.

얼마 후 우리 팀이 제기한 지적 사항이 많이 반영된 계약서가 추진 중이라는 얘기를 듣게 되었는데, 최종적으로 정말 그렇게 되었는지는 보직이 변경되어 확인할 수 없었다. 우리 팀의 젊은 법무관들이 애국심으로 밤을 새워 일했던 기억이 새롭다.

이 프로젝트를 수행하면서 젊은 법무관들이 열정적으로 밤을 새워 일하던 모습이 인상적이었다. 젊은 법무관들이 밤을 새워가며 일했던 요인이 무엇일까? 그들에게 누구도 밤을 새우라고 지시하지도 않았는데도 말이다. 돌이켜보면 그들은 애국심이 투철했다. 자신들의 노력이 한국 방위산업의 기초를 닦고, 발전에 크게 기여하고 있다는 자부심이 컸다. 그것이 그 무엇보다 큰 요인이었다.

그리고 나는 애국심이 투철하고 이미 충분히 동기부여 되어 있는 젊은 법무관들에게 업무의 자율성을 충분히 부여했고, 그에 따른 성과를 창출할 수 있도록 동기부여를 하는 데 신경을 썼을 뿐이다. 업무에 대한 최종적인 책임은 언제나 내가 지겠다고 하여 자유로운 분위기 속에서 본인들의 소신에 따라 일할 수 있도록 환경을 조성하려고 노력했다.

최근 T-50 고등훈련기와 우리나라 최초의 다목적 경전투기인 FA-50의 수출경쟁력이 좋아서 해외수출에서 K방산의 효자종목으로 언론에 언급될 때마다 당시 이 사업의 가계약서를 검토한 우리 팀원들이 아마도 가장 뿌듯해할 것이라는 생각이 든다.

— 불합리한 감사원의 징계 요구 처분, 재심으로 명예회복

국방부 검찰부장을 마친 후 나는 용인에 있는 3군사령부 법무참모에 보직되었다. 여기서도 골치 아픈 사건들이 적지 않았다. 일복은 타고 났다. 그중 기억나는 사안은 감사원이 특정 사업 관련자들을 징계하라고 요구한 건을 사실은 엄청 열심히 했음에도 이를 제대로 처리하지 않았다고 오히려 내가 징계 요구를 받은 사안이 있었는데, 나는 당당하게 재심을 청구하여 이를 뒤집은 일이 있다.

그 사업은 과학화전투훈련장을 건설하는 것이었다. 이 훈련장은 소부대 실전훈련을 위해 야산을 소부대가 공격과 방어가 가능한 훈련장으로 꾸민 후 시뮬레이션 전투가 가능하게 전투 장비를 구비하고, 실제로 2개 부대가 실전처럼 공방을 벌이는 훈련을 하게 하여 전투력을 극대화하려는 목적에서 건설되는 것이었다.

이 사업은 2개 업체가 경쟁했는데, 야산 훈련장 부지에 훈련용 통신이 가능하도록 산에 일정 간격으로 통신용 전봇대를 몇 개 세우는 것이 적정한지, 그리고 그에 따른 제안가는 얼마인지가 제안서의 중요한 부분이었다. 그런데 사업팀에서 업체들에 훈련장 개요도만 알려주면서 제안서를 제출하라고 했기 때문에 한 업체는 훈련장만 사업 범위로 하는 제안서를, 다른 업체는 훈련장과 훈련장으로 진입하는 진입로 부분까지 포함한 더 넓은 지역을 사업 범위로 하여 제안서를 제출했다. 그러다 보니 전자가 후자보다 설치할 전봇대 수도 적었고, 제안 가격도 더 낮았다. 결국 가격을 더 낮게 입찰한 업체가 우선협상 대상업체로 선정되었고 그 업체가 최종 계약자가 되었다.

그런데 사업관리팀은 최종적으로 훈련장 외 진입로까지 전봇대 설치가 필요하다고 판단했고, 이에 따라 전봇대 개수를 더 설치하는 만큼 가격조건을 올려주게 되었다. 결과적으로 최초 양사의 제안가에 차이가 없는 상황이 되었다.

이에 탈락업체가 민원을 제기하자, 감사원이 감사를 실시했다. 감사 결과 당시 사업팀에 대해 불공정한 제안서 평가라는 이유로 징계 요구를 결정했다. 당시 사업팀은 그 사업이 종결된 후 각자 다시 다른 부대로 전출되었으므로 감사원의 징계 요구는 당시 업무 담당자들이 근무 중인 육군 각 부대가 처리하게 되었다.

징계 대상자 중 당시 사업책임자였던 배○○ 준장이 내가 법무참모로 있는 3군사령부 예하부대 소속이었으므로 3군사령부 법무실 소속 군검찰관의 조사를 받게 되었다. 담당 검찰관은 6개월에 걸쳐 조사를 마친 다음 증거가 없어 불문경고 처리하겠다는 의견을 보고했다. 나는 수차례 보완 수사를 지시했지만, 다음에도 결과가 같았다. 결국 군사령관에게 보고하고, 감사원에 직접 가서 최종 결과를 설명했다. 감사원 담당자도 이렇게 고생했으니 표창감이라고 말했다.

그런데 얼마 후 감사원으로부터 나를 징계 요구 대상으로 한 징계 개시 절차가 시작되었음을 알리는 통지서가 도착했다. 징계 조사 대상자는 5명 정도였고, 모두 법무관들이었다. 법무감실 지침은 내게 가만히 있으라고 했다. 지침대로 가만히 있었더니 몇 달 후에 다시 나를 징계 요구하는 감사원의 결정문이 도착했다. 같은 혐의가 있던 다른 법무관들은 모두 징계 요구 대상에서 빠져 있었다.

나는 감사원의 조치를 이해할 수 없었다. 가장 열심히 해주어서 감사하다고 칭찬을 왜 했는가? 나는 검찰관이 아니어서 그 사건을 직접 조사할 권한이 없었는데, 검찰관을 끌고 가서 억지로 기소 또는 징계하도록 강제할 수도 없는 일 아닌가? 도저히 이해할 수 없어 재심청구를 결심했다.

그런데 감사원에 대한 재심청구는 감사원법상 장관 이름으로 해야 했다. 나는 재심청구서 60페이지 정도를 작성하여 직접 육군참모총장 결재를 받고 나서 장관 결재를 받으려고 했다. 그런데 법무관리관에게 전결

연결했을 때 전체 통합시스템의 실제 작동 여부나 기능에 대한 고려가 부족했던 문제점이 있었다. 이 사업을 시범 운용한 결과, 바람이 불면 마치 적이 침투한 것처럼 버저가 울린다거나, 짐승이 주변을 지나가도 경고음이 울리는 등 경계시스템 오작동이 심하여 소요군에서 최종적으로 인수를 거절하겠다고 했다.

그런데 문제는 구매사업 시험평가 절차가 채 종료되기 전이었는데 계약금액이 모두 집행되어버린 것이었다. 통상 무기체계 사업은 방사청에서 관리하고, 비무기체계 사업(전력지원체계 사업)은 각 군이나 방사청에 위탁하여 이루어지는데, 이 사업은 방사청 통합사업관리팀(IPT, Integrated Project Team)이 관리했다.

IPT는 단년도 회계주의로 인해 연내 예산이 집행되지 않으면 불용액이 발생하는 것을 최대한 방지해야 할 필요성에서 업체가 현재까지 시공한 부분만큼 투입된 자금을 요청하는 기성고(旣成高) 보고를 신뢰하여 대금 집행을 한 것인데, 예상치 않게 소요군의 인수거절 사태가 발생하게 된 것이었다. IPT가 부랴부랴 예산집행 관련 질의를 하자 법무실은 처음엔 부정적 의견을 냈다가 다시 수정 의견서에선 지불해도 좋다는 의견을 내는 등 법무실 업무에 혼선이 발생했다.

이로 인해 이 사업에 관여한 나의 전임 법무팀장을 포함해 방사청 관계자들이 감사원 조사 대상이 되었다. 처음에는 법무팀이 감사원의 조사 대상이었다가 IPT가 예산을 선집행하고 나서야 사후에 면피성 법무 질의를 한 사실이 발견되어 법무팀은 책임을 면할 수 있었다.

이 사업은 시험평가 절차에 따라 수요군 현지 시험 결과 실패한 사업으로 정리되었다. 전력지원체계 사업 주무 부처인 육군본부 ○○실에서는 업체에 원상회복과 계약금 전액을 반환하라는 공문을 하달했다.

시간이 지나서 육군법무실장이 된 나는 우연히 이 사업과 관련하여 육군 수뇌부가 고심하고 있다는 얘기를 듣게 되었다. 이 사업은 애초부터 ROC(작전운용성능) 설정과 사업추진 전략이 잘못된 것이므로 육군 부서에도 일정 부분 책임이 있었다. 사업추진 잘못의 원인 제공자인 군에서 소요군의 인수거절을 이유로 값비싼 컴퓨터와 CCTV 등 시스템 일체를 폐기 처분하고, 업체에 원상회복과 함께 모든 손해를 배상하는 위험부담을 감당하라는 요구는 매우 무책임한 것이라고 판단했다.

이에 법무관들에게 검토하도록 했더니, 이 사안은 철조망 중간에 견고한 콘크리트 구조물을 설치하여 틀을 만든 다음에 장비들을 설치하게 되어 있는 일종의 공사도급계약이 포함된 사업이었다. 이러한 공작물 설치와 관련된 도급계약은 계약해제와 원상회복은 불가능하고 단지 계약해지와 정산만 할 수 있는 것이라는 결론을 얻게 되었다. 총장은 보고를 받더니, 그렇게 하라고 지침을 내렸다.

결국 이 사안은 업체가 육군에 비용 청구를 하고, 소송을 통해 정리하기로 결정했다. 그런데 정산은 공정하게 이루어져야 할 것이므로 육군이 직접 하는 것보다는 객관적인 제3자를 통한 해결이 합리적이라고 생각했다. 양측은 재판을 통해 해결하기로 합의했다. 그 재판 결과가 어떻게 되었든 이것은 서로 수긍할 수 있는 처리 방안이라고 생각했다.

만일 육군참모총장의 고민을 들을 기회가 없었다면 이 사업으로 인해 업체가 일방적으로 당했을 고통을 몰랐을 테니 참 다행이라고 생각된다. 각 군, 각 제대 지휘관들이 중요한 정책 결정을 할 때, 법무관을 포함한 각 분야 전문가들의 의견을 들어야 하는 것이 바로 이런 이유 때문이다.

— 방위산업 업무, 정부계약 업무의 전문성을 키우다

나는 2006년 서울대 법과대학원에서 법학박사 학위를 받은 후 2007년 조지타운대학교 로센터에서 방문학자로서 잠시 연수를 했다. 그해 12월 31일 귀국한 후, 2008년 초 무렵 방위사업청 법무지원팀장으로 보직되었다. 방사청은 방위력개선사업, 즉 무기체계 획득을 위한 연구개발과 구매 업무를 하는, 조달청과 함께 정부의 조달기관 중의 하나다.

당시 방위사업청은 본부와 2개의 본부, 계약본부와 사업본부로 구성되어 있었다. 계약본부는 각종 계약팀이, 사업본부는 수십 개의 통합사업관리팀(IPT)이 소속되어 있었다. 법무지원팀은 계약본부 예하 법률 자문을 제공하는 부서였다.

법무지원팀은 방사청 계약관리본부의 계약 관련 업무와 사업관리본부의 통합사업관리팀(IPT)에서 일어나는 제반 법률문제를 검토 · 해석 · 자문하는 임무를 수행하는 곳이다. 이 경험을 통해 나는 방위산업 업무, 정부계약 업무의 지식과 경험을 축적하여 그 분야의 전문성을 키울 수 있었다.

법무지원팀이 만에 하나 법적 검토를 엉터리로 하게 되면 계약조건 한 줄 때문에 엄청난 국고 손실이 초래될 수 있는 위험이 상존했다. 업자들의 농간에 의해 법무지원팀 담당자들이 곤욕을 치르는 경우도 종종 발생했다.

이에 우리는 철저하게 점검에 점검, 검토에 검토를 거듭하여 완벽하게 하려고 서로 합심했다. 무엇보다 무책임하게 답변서를 질질 끄는 일이 없도록 모든 의견서 회신 기한을 15일 내로 정하고, 만일 지연되면 사유를 제출하도록 했다.

어쨌든 내가 근무한 약 1년 동안 1천 건이 넘는 법무 검토 질의회신이 이루어졌지만, 그 많은 회신 내용 중에서 잘못되었다는 이유로 감사원의 조사 대상이 된 사례는 단 한 건도 없었다.

실무 법무관이나 일반직 변호사들이 열심히 일해준 것이 가장 큰 이유였다. 물론 나도 그들이 검토한 1차 서류를 가능한 한 심도 있게 검토하려고 최선의 노력을 기울였다. 그래서 늘 늦은 시간에 퇴근하기 일쑤였다. 어느 실무관은 내가 검토보고서를 수차례 되돌려 보냈다면서 울면서 나에게 호소한 일도 있을 정도였다.

방사청은 잠시 한눈을 팔면, 코를 베어가는 위험한 곳이기도 했다. 하루는 내 사무실 창문에서 가까운 거리에 있는 끽연소에서 국방부로 전출 간 나의 전임자가 고민스런 표정으로 담배를 피우는 장면이 눈에 띄었다.

알고 보니 법무지원팀에서 IPT에 잘못된 의견서를 보내 예산집행이 잘못되어 감사원의 감사를 받고 있다는 것이었다. 그러한 비난은 법무지원팀 전체에게 미쳤고, 후임자인 나도 잘하라는 불편한 질책을 받기도 했다. 그런데 얼마 후 나는 그 문제가 법무지원팀의 잘못이 아니라 해당 사업부서가 예산을 선집행한 후 책임을 면하려고 법무지원팀에 면피성 질의를 한 사실을 밝혀냈다. 이를 밝혀내지 못했더라면 꼼짝없이 내 전임자가 처벌을 받았을 것이다.

V

불의한 '2002 병풍공작 사건'의 고난과 시련 속에서 정의감과 용기로 얻은 승리

— 1998년 병역비리 사건 수사 경과

나는 1998년 4월경 국방부 검찰부장의 보직을 명 받았다. 검찰부는 군검찰관 소령과 대위 각 1명, 수사관 4명, 그리고 여직원과 약간 명의 병사들이 근무하는 미니 조직이다.

부임하는 날 수사과장이 업무보고를 했다. 업무보고 요지는 대략 다음과 같다.

> "합동참모본부에 근무하는 김○○ 준위가 그의 친구 아들을 카투사로 선발되게 해주는 대가로 금품을 받은 사건이 국방부 합동조사단에 적발되었다. 그런데 김○○ 준위의 후배가 그로부터 용돈을 받아 쓴 일로 공범으로 몰리게 되자 평소 안면이 있는 국방부 검찰부 수사관들에게 자기의 억울함을 호소하게 되었다. 이 사실은 장관에게까지 보고되었다. 이후 군검찰부는 이 사건 수사를 제대로 할 필요가 있다고 판단

하고, 그 사건 전반에 대해 들여다보며 내사를 시작했다. 수사과장은 이 사건의 전모를 밝히고자 직접 청계천에 나가 감청장비를 구입하고, 감청영장을 받아 김○○ 준위를 감청했다. 그 과정에서 김○○ 준위와 같은 부관병과이자 병무청 모병관 원○○ 준위가 이 카투사 건을 해결해준 것으로 드러났다. 이에 검찰부 수사관들은 금융기관에 원○○ 준위의 계좌추적을 의뢰했다."

수사과장은 계속하여 나에게 "그동안은 병역비리 사건 첩보가 종종 들어왔으나 군법무관들이 무사히 전역해야 변호사 자격이 생기고, 전역 후에는 헌병을 포함한 군과 잘 지내야 사건 수임도 되고 하니 늘 사건 수사가 사실상 유야무야되었습니다. 이제 직업군인이 오셨으니 소신껏 하실 수 있게 된 것 같습니다. 앞장서시면 저희들이 뒷받침하겠습니다"라고 덧붙였다. 수사관들의 의지가 대단하다고 느꼈다.

그 며칠 후 지인인 부관병과의 한 간부가 나의 검찰부장 보직 소식을 들었다면서 안부를 묻는 과정에서 "병무청에 근무하는 원○○ 씨가 아직 전역할 때가 아닌데 곧 전역 신청한다는데, 그 사람 비리가 많아 전역시키면 안 됩니다"라는 말을 해주었다.

나는 즉시 전역 업무를 담당하는 국방부 관계부서에 "잠재적인 수사대상자이니 전역 신청서가 들어오면 처리하기 전에 그 사실을 바로 알려달라"고 협조를 부탁했다. 그리고 검찰부에 계좌추적 결과가 일부 도착한 사실을 확인하고는 5월 10일경 해군 단기검찰관 송○○ 검찰관에게 원○○ 준위를 소환하여 조사하도록 지시했다.

소환된 원○○ 준위는 계좌에 나타난 3~4건의 몇백만 원대 입출금 내역은 대부분 사업상 거래일 뿐 아무런 문제가 없다고 부인했다. 담당 검찰관도 특별한 혐의점이 없다고 판단되어 그를 집에 돌려보내자고 했다. 그러자 수사관들은 계좌추적 자료가 계속 들어오고 있고, 원○○ 준위는 병무청에서 문제가 있다고 많이 알려져 있으니 돌려보내서는 절대 안 된다는 의견을 제시했다. 나는 수사관들의 의지가 분명한 것 같아서 좀 무리가 따르더라도 원○○ 준위를 일단 긴급 구속하기로 최종 결정했다.

그런데 바로 다음 날이 되자 현역 국회의원 안○○ 변호사와 같은 사무실의 김○○ 변호사가 선임되어 들어왔고, 이어서 전 국방부검찰부장 출신 변호사가 선임계를 제출했다. 추가로 도착한 원○○ 준위 계좌 확인 자료에서는 상당히 큰 금액의 입출금 내역이 확인되었다. 국방부 검찰부 수사팀은 모두 큰 사건이 걸려들었음을 직감했다.

그런데 하나의 병역비리 사건을 밝히려면, 예컨대 ① 금품을 제공한 부모, ② 1차 청탁받은 자, ③ 2차 청탁받은 자, ④ 해결사로 이어지는 범죄 연결고리가 모두 확인되어야 한다. 그런데 ④는 필시 현역 군인이라서 군 수사기관에 수사관할권이 있지만 ①은 병역 의무복무 대상자의 부모로서 보통은 민간인에 해당하고, ②와 ③은 군인과 민간인이 섞여 있는 경우가 허다하므로 ④가 자백하더라도 군검찰에 수사권이 없는 대상자들의 경우 소환에 불응하거나 부인하면 수사가 난항에 빠질 수밖에 없는 상황이었다. 이로 인해 원○○ 준위의 계좌 내역만을 놓고 신문하는 방식의 수사는 지지부진할 수밖에 없었다.

이미 한 차례 압수수색을 했으나 아무 소득이 없는 상황이었다. 그런데 압수수색 현장에 나갔던 한 수사관이 냄새가 많이 난다며 한 번 더

수색했으면 좋겠다고 보고했다. 그래서 한 번 더 하면 반드시 성공할 것이라는 확신을 가지고 타이밍과 장소를 보다가 1차 때에 비해 압수수색 인원과 장소를 각 3배로 늘려 2차 압수수색을 나갔다.

결국 수사의 결정적 단서가 된 청탁 노트가 압수되었다. 나는 내 눈앞에서 노트 첫 페이지부터 끝 페이지까지 페이지마다 10여 건의 청탁 내용이 적힌 청탁 리스트에 일련번호를 붙이도록 지시했다. 중복도 있었지만 노트 한 권에 각 페이지마다 10여 건의 청탁이 기재되어 있으니 큰 규모였다. 그중 1부는 복사하여 수사자료로 활용하고, 원본은 철저히 보관하도록 지시했다.

당시 수사가 난관에 봉착하게 되면, 사법연수원 23기 쥐띠 동기생 검사들이 조언을 많이 해주었다. 당시 서울북부지청 김○○ 검사도 우리 군검찰과 군사시설보호구역의 해제 대가로 금품을 수수한 사건을 공조수사한 인연을 계기로 우리 쪽에 파견되어 금융추적 전문가들과 함께 계좌추적을 담당하여 수사에 많은 도움이 되었다.

— 창군 이래 최대 병역비리 사건 적발

원○○ 준위는 성품이 착하고 꼼꼼한 스타일이었다. 그는 청탁 노트에 자기만 알 수 있도록 리스트 상단에 예컨대 '5日'이라고 숫자를 기재해 놓았다. 그는 처음에 그 숫자들이 지인들로부터 부탁받은 날짜를 의미하고, 계좌의 입출금은 사업상의 거래일 뿐 뇌물을 수수한 사실이 없다고 극구 부인했다. 노트 앞부분에 기재된 숫자 중에는 30 이상의 숫자가 안 보여 정말 그런 줄 알았다. 그러나 노트 뒷부분으로 가니 '40日'이 나오는 것을 보고, 날짜에 40일이 어디 있느냐고 추궁하니 그제야 받은 금품 액수를 의미한다는 것을 시인했다. 수사는 이때부터 빠른 속도로 진행되었다. 원○○ 준위도 자포자기 상태여서인지 순순히 수사에 협조하기 시작했다.

이후 청탁 리스트에 기재된 사안의 수사는 청탁자 순서대로 청탁자와 금품수수 일시, 장소 및 노트에 기재된 수수액(청탁자 이름 위에 기재된 숫자)을 차례대로 확인하면서 조서를 받으면 되는 쉬운 작업이었으므로 좀 더 효과적이고 신속하게 수사 진행을 하기 위해 피의자와 같은 준위 계급을 가진 수사관에게 진술조서를 받도록 임무를 부여했다. 그리고 준위가 한 명뿐이라 달리 시킬 사람도 없었다.

수사는 예정대로 신속하고 효율적으로 잘 진행되었는데, 청탁 노트 마지막 부분에 있던 헌병수사관 박○○을 체포하지 못한 것은 그나마 옥의 티였다. 나중에 파악된 사실은 원○○ 준위가 박○○ 수사관에 대해 자백한 날, 그를 면회 온 변호사 사무장 최○○에게 그 사실을 알려주었고, 최○○가 박○○ 수사관 쪽에 소식을 전달하여 도주하게 한 것이었다. 완벽하게 수사를 끝낼 수 있었는데 아쉬운 대목이었다.

신속한 수사를 통해 원○○ 준위가 금품수수를 인정한 것은 대략 180건이다. 단일 형사 사건으로, 그것도 단 한 번의 수사를 통해 180명을 입건하는 쾌거를 이룬 것이다. 전 국민적 관심사인 병역비리와 관련하여 군인과 민간인 포함, 이렇게 많은 수사 대상자를 적발하여 사법처리 또는 징계 처벌한 것은 아마도 창군 이래 처음 있는 일일 것이다. 이는 국방부 검찰수사 요원들의 끈질긴 수사 의지와 서로 단합된 팀워크와 헌신적인

사회 >

[병무비리] 해묵은 비리파헤친 고석 국방부 검찰부장

조선일보

입력 1998.06.11. 19:01

가

11일 발표된 대규모 병무비리 커넥션 수사는 한 현역 중령의 집요한 추적의 결과였다.

이번 수사의 실무 책임을 맡은 고석(38·육군중령) 국방부 검찰부장은 검찰관 2명, 수사관 4명 등 6명에 불과한 국방부 검찰부를 이끌
고 지난 한달 동안 하루 3~4시간씩 잠을 자는 강행군으로 병무비리
커넥션을 파헤쳤다.

이번 사건이 처음 드러난 것은 지난달 12일 병무청 모병연락관 원○○ 준위가 뇌물수수 혐의로 구속됐을 때. 이때만 해도 구속된 사람의 계급이나 수뢰액수(6백여만원) 면에서 미미한 사건이었다. 그러나 며칠뒤 원 준위가 집 침대 매트리스 밑에 숨겨둔 청탁자 명단이 적힌 비밀수첩이 발견되면서 수사는 급진전했다. 수첩에 등장한 관련자들의 로비와 함께 일부 군 간부들은 사건의 파장을 우려하기도 했다.

이때 그는 국방부 고위 관계자들에게 사건의 진상을 철저히 파헤쳐야 한다고 강력히 직언한 것으로 알려졌다. 여기에 천용택 국방장관의 개혁 의지가 뒷받침되면서 소문으로만 떠돌던 병무비리의 실상을 상당부분 밝혀내는 개가를 올렸다. 83년 육사 39기로 임관한 그는 90년 육사 출신으로는 드물게 사시에 합격, 육군본부, 수도군단 참모 등을 거치면서 '단칼'이라는 별명을 얻을 정도로 원칙에 따른 업무 처리로 유명해졌다. 96년 이후 국방부 국제법 과장으로 있을 때는 무기도입 관련 업체 관계자들과 어쩔 수 없이 식사를 함께 할 경우 밥값을 전신환으로 송금한 일화를 갖고 있다.

병무청-군의관-헌병-陸本-신병훈련소 '非理 커넥션'

兵役장사 '검은 돈사슬'

軍 5명구속 1명수배 관련자수사 검찰 의뢰

"청탁자엔 中企사장등 포함"

육군 인사참모부 소속 병무청 모병연락관 원용수(元龍洙·53)준위의 병무 비리를 수사중인 군 검찰은 11일 이 사건이 뇌물을 받고 멀쩡한 병역의무자를 정신병자로 가장해 병역을 면제시켜주는 등 조직적인 범죄로 드러났다고 발표했다.

국방부 검찰부는 元준위가 병역 면제·사병 배치·카투사 선발 등의 대가로 부유층 인사 등 1백38명으로부터 모두 5억4천여만원을 받은 사실을 확인, 뇌물수수 및 특정범죄가중처벌법 위반 등 혐의로 구속했다.

元준위는 97년부터 지난 3월까지 ▶입대 예정자 16명으로부터 병역면제 청탁 명목 2억8천여만원▶49명으로부터 카투사 선발 청탁 명목 1억3천3백50만원▶36명으로부터 수도권 전입 등 보직 청탁 명목으로 5천7백50만원을 받았으며 특기생 선발·입대일 조정을 둘러싸고도 뇌물을 받은 것으로 드러났다.

국방부는 이중 병역 면제자 12명에 대해 재징집하는 등 법적 조치를 취할 방침이다. 또 비리가 드러난 카투사와 후방배치 현역병 등에 대해서는 사안에 따라 한국군으로 원복시키고 보직을 변경해 전방으로 보내는 등 불이익을 주는 방안을 검토중이다.

군 수사당국은 元준위로부터 돈을 받고 비리에 가담한 육군 제2훈련소(논산훈련소) 부관처장 정호철(육사31)대령과 분류과장 金모 소령을 뇌물수수 혐의로 구속하고, 달아난 병무청 파견 수사관 朴노항(47)원사를 수배했다. 또 병역 면제 판정을 해달라는 청탁과 함께 7백만원을 받은 병무청 파견 육군 군의관 조모 대위와 카투사 입대를 도와주고 1천3백만원을 받은 모병연락관 김성국(53)준위도 구속했다.

군 수사당국은 금품을 받은 白모씨 등 병무청 직원 8명의 신병과 청탁자 1백38명에 대한 수사를 서울지검에 의뢰해 뇌물공여혐의로 사법처리토록 하고, 元준위로부터 금품을 받은 병무청 직원 6명의 비위사실을 병무청장에게 통보했다. 제2훈련소 부관처장 鄭대령은 元준위로부터 청탁받은 10명의 훈련병을 카투사로 선발시켜주고 1천5백만원을, 金소령은 1천만원을 각각 받았다. 달아난 朴원사는 元준위로부터 12명의 병역을 면제해달라는 부탁과 함께 1억7천만원을 받은 혐의를 받고 있다.

군 수사당국은 청탁자 가운데는 중소기업체 사장·종합병원 원무과장 등이 포함돼 있으나 고위 장성이나 국회의원 등 고위층은 없다고 밝혔다.

한편 천용택(千容宅)국방장관은 "병무비리가 근절되지 않고 있는데 대해 송구스럽게 생각한다"며 "근원적인 재발 방지책을 강구해 나가겠다"고 사과했다.

元준위 침대 밑에서 청탁자 명단 찾아내

非理밝혀낸 '단칼' 중령

고석 중령

대규모 병무비리 커넥션 수사는 고석(高奭·38·육사39기·중령) 국방부 검찰부장의 집념때문에 결실을 볼 수 있었다.

수사가 시작된 것은 지난달 12일 元준위가 6백여만원의 뇌물을 받은 혐의로 구속된 때. 당시로선 특별히 주목을 끌지 못할 사안이었으나 高중령팀이 元준위 집에서 침대밑에 숨겨둔 청탁자 명단 수첩을 찾아내면서 급진전됐다.

사건의 파장에 대한 일부 간부의 우려도 있었지만 高중령은 진상을 파헤쳐야 한다고 직언했고 천용택(千容宅)국방장관의 개혁의지가 뒷받침돼 비리 실상이 밝혀진 것.

高부장은 육사출신으로는 드물게 90년 사법고시에 합격했으며 원칙적인 업무처리로 '단칼'이란 별명을 갖고 있다. 국방부 국제법과장으로 있으면서 P-3C 부당수수료와 관련, 미국 록히드사를 국제상사중재위원회에 제소하기도 했다.

멀쩡한 사람이 정신병자 둔갑

병무비리 '복마전' 실상

부유층 138명 5億뇌물… 12명 '면제'받아

身檢 필름 바꿔치기… 입대날짜는 '고무줄'

이번 사건은 그동안 말로만 무성하던 병무비리가 병무청과 신병훈련소 간부, 군의관, 이를 감시해야 할 헌병과 육군본부 부관감실 등에 의해 조직적이고 광범위하게 이뤄져 왔음을 확인시켜 주는 것이다.

특히 지난해 대선 과정에서 돌출된 한나라당 이회창(李會昌)후보 아들의 병역문제 등으로 군이 병역제도를 개선하던 중 발생한 사건이란 점에서 충격을 더하고 있다.

이번 사건으로 드러난 병무비리 행태는 병역면제·사병보직 조정·카투사 선발·후방배치·공익근무요원 선호근무지역 조정 등 가능한 모든 분야를 망라하고 있다.

元준위는 병역면제 청탁자로부터 최고 수천만원을 받고 중간 브로커인 헌병 朴노항 원사를 통해 병무청 지정병원 의사·신체검사 군의관·병무청 직원과 짜고 병역을 면제시켜 주었다. 이들은 이를 위해 자기공명(MRI) 촬영필름을 바꿔치기하고 정신병자로 가장하는가 하면 몸을 비틀어 촬영해 환자로 만드는 방법을 동원했다. 이와 함께 元준위는 육군본부와 짜고 특정 주특기의 충원인원을 늘리는 수법으로 청탁받은 병역의무자가 원하는 주특기를 받도록 한 뒤 서울 또는 후방지역으로 가도록 입대시기를 조정해 주었다. 카투사 입대를 원하는 병역의무자에게는 논산훈련소에서 카투사를 뽑는 시기에 맞춰 입대날짜를 조정한 뒤 훈련소 간부에게 부탁하는 수법을 사용했다. 元준위는 또 병역의무자들에게 주특기학원을 안내해주고 학원비를 받아 챙긴 것으로 드러났다.

김민석 기자

<kimseok@joongang.co.kr>

노력의 결과였다.

어쨌든, 당시 수사 과정에서 적발된 민간인 피의자들은 모두 서울지검 특수부에 이첩되어 합당한 처벌을 받았다. 이로써 이 사건은 '유전 면제, 무전 현역'이라는 잘못된 병역 문화를 개선하는 데 기여한 사건으로 역사에 기록되었을 것이다.

— 김대업 씨의 제안을 거절하다

한편, 박○○ 수사관이 도주한 후, 군 정보기관에서는 그가 가족도 없고, 병역면제 비리 대가로 한 건에 수천만 원씩의 금품을 수수하며 수시로 해외에 나가 체류한다는 사실을 장관에게 보고했다. 이에 국방부는 헌병은 믿을 수 없고, 군검찰은 인원이 없는 점을 고려하여 다른 특별체포팀을 구성하게 하여 그를 체포하도록 지시했다.

1998년 여름 장맛비가 쏟아지던 날, 퇴근길에 특별체포팀으로부터 연락이 왔다. 팀장은 그들이 파악하고 있던 안모 변호사의 사무장 최○○이 박○○ 수사관을 도주시킨 경위를 나에게 설명해주었다. 나는 군검찰이 송치한 사건을 수사 중이던 서울지검 특수부 병역비리 담당 검사에게 그 사실을 있는 그대로 전달했다. 다음 날 서울지검팀은 원○○ 준위의 변호사 사무장 최○○이 근무하는 사무실을 압수수색하고 최○○ 사무장을 긴급 구속했다. 혐의는 박○○ 수사관을 도주시킨 혐의 등이었다.*

그 며칠 후인 1998년 6월 하 순경에는 원○○ 준위의 변호사 사무장인 최○○이 박○○ 수사관을 도주하게 한 경위와 원○○ 준위 금품수수 사건들을 축소 진술한 내용을 조사하기 위해 나는 그를 소환했다. 최○○은 발목지뢰를 밟아 절룩거리는 월남전 참전 상이군인이었다. 마음은 아팠으나 필요한 사항을 빠짐없이 조사할 수밖에 없었다. 나는 서울지검 조서를 기초로 "왜 그렇게 전국을 돌아다니시느냐? 박○○ 수사관 은신처를 협조해주세요"라고 하자, 그는 이 조사 과정에서 원주교도소에 가게 된 경위를 설명하면서 김대업 씨에 대해 제보했다. 즉, 자기가 1997년경에 수임한 사건 관련자가 있는데 재판 결과가 좋지 않다고 수임료를 돌려달라고 한다면서 묻지도 않은 상세한 사항을 알려주었다.

그로부터 1~2주 지났을 무렵 국방부 검찰부에 전화가 왔다. 김대업 씨가 나를 보자는 전화였다. 자기가 박○○ 수사관 체포를 돕겠다는 취지였다. 나는 최○○ 사무장으로부터 그에 대해 들은 바가 많아 그와 만나는 것을 거절했다. 그런데 검찰부 이○○ 검찰관이 김대업 씨를 데리고 와서 수사실에서 2시간가량 면담했다. 그가 김대업 씨를 데리고 내 사무실로 불쑥 들어오자, 나는 그동안 고생하셨으니, 집에서 쉬시라고 정중하지만 분명하게 거절 의사표시를 했다.

그런데 세월이 한참 지난 후 국방부 검찰부 수사관이 내게 깜짝 놀

---

* 서울지검 수사 결과, 원○○ 준위는 헌병 박○○ 수사관 관련 사실을 헌병 영창에 면회 온 변호사와 사무장 최○○에게 알려주자 그가 박○○ 수사관에게 전달하여 도주하게 한 것으로 확인되었다. 또한 그는 청탁 리스트를 조사받을 때도 최○○ 사무장을 통해 금품제공자와 연락하여 수수금액을 줄이는 활동도 했음이 드러났다.

랄 일을 보고했다. 김대업 씨를 면담한 이○○ 검찰관이 김대업 씨를 국방부 인근 호텔에 머물게 하면서, 원○○ 준위 수사 시 병무청에서 압수한 자료들을 분석하게 하고, 그와 협력하여 군의관에 대한 수사를 진행하고 있다는 것이었다. 참으로 어이가 없는 일이었다.

이후 국방부 검찰부에서는 김대업 씨 활용문제와 관련하여 병적기록표를 분석하는 것을 보면 무시하기 어려우니 그를 적극 활용해야 한다는 의견을 낸 검찰관도 있었으나, 나는 매우 신중한 입장을 유지했다. 물론 내 의견을 직속상관이나 상부의 업무관련자 외에는 다른 사람들에게 피력한 적이 없었다.

— 병역비리 합수부 수사 준비, 그리고 수사팀에서 배제되다

1998년 10월 하순, 국방부 정기 국정감사에서 원○○ 준위 수사 중에 도주한 박○○ 수사관을 일부러 잡지 않는 것이 아니냐는 의혹이 제기되자, 국방부 장관이 병역비리 수사를 계속하겠다고 밝혔다. 그즈음 법무상관은 청와대 ○○비서관에게 보고할, 현재까지 병역비리 수사 결과와 향후 계획 보고서를 만들라고 지시했다. 그런데 병역비리는 민군합작 범죄이므로 수사도 검찰과 군이 합동 수사하는 것이 효율적이고도 효과적이라는 의견이 우세하여 보고서 초안은 '검군합수부(검찰-군대 합동수사본부)' 구성안 형식으로 만들어졌다.

법무 상관과 나는 수사과장을 대동하고 청와대에 가서 보고했다.

○○비서관은 '검군합수부' 안은 혁명기에나 있을법한 아이디어인데, 보고를 들어보니 제대로 된 수사 대상이나 범죄 첩보가 확보되어 있지 않다면서 회의적인 반응이었다. 그래도 국방부가 전 국민적 관심사인 병역비리 수사를 잘하겠다고 나서니 이를 말리지는 않았다. 이후 군검찰에서 법무 상관, 나와 이○○ 검찰관 3명, 검찰에서 서울지검 특수○부장 포함 2명으로 '군검합동합수부' 준비모임을 가졌다. 이 회의 결과에 의거하여 철거 예정이었던 후암동에 있는 구 병무청 건물에서 11월 한 달 동안 수사관들과 함께 합수부 설치 작업을 하느라 진이 빠지도록 일했다.

드디어 12월 1일 검군(실제로는 검경군)합수부가 출범하게 되었다. 군검찰은 합수부를 유지할 각 군의 단기검찰관들과 수사관 상당수를 파견받았다. 그런데 법무 상관은 12월 1일 오후 수사에 참여하는 합수부 군검찰 수사진들을 모두 모아놓고 격려 훈시를 하면서, 국방부 검찰부장이자 원○○ 수사 성공과 이후 합수부 수사 준비를 해온 나와는 사전에 아무런 상의도 없이 "고 부장, 오늘부터 병역비리 수사는 이○○ 검찰관의 책임하에 두고, 고 부장은 국방부로 복귀하시오"라고 지시했다.

국방부로 돌아오는 길에 아무리 생각해도 이해가 되지 않고, 혹시 내가 잘못 들었나 싶어 법무 상관께 그 이유를 물었다. 그는 그동안 내가 병역비리 수사와 국제중재 업무 등을 처리하느라 너무 고생이 많았고, 언론이 주목하고 있는 '김○ 중위 사망 사건'이 긴급한 주요 현안이 되고 있어 그것을 처리하는 일이 더 중요하니 너무 섭섭하게 생각하지 말라고 했다.

그러나 의아한 마음이 가시지 않았다. 그렇다면 나만 빼야지, 기존 국방부 검찰부의 수사관 4명 전원을 모두 배제한 것은 무엇이란 말인가?

그의 변명이 더 혼란스럽게 했다. 국방부 검찰부 소속 수사관들은 국방부 창군 이래 단일 사건으로 최대의 병역비리를 적발한 실적을 거둔 우수한 요원들이 아니던가? 그 수사관들이야말로 병역비리 수사의 최적임자이고 수사를 가장 잘할 수 있는 사람들인데, 병역비리 합동수사본부에서 전원 배제한다는 것은 제대로 수사할 의지가 없다는 얘기나 마찬가지라 생각되었다. 솔직히 더 미궁에 빠져드는 심정이었다.

어디선가, 누군가에 의해, 무엇 때문인지 모르지만 이러한 의사결정에는 뭔가 심대한 왜곡이 존재한다고 생각되었다. 그때까지만 해도 이런 엉터리 지침이 앞으로 닥칠 어마어마한 대선 병풍공작의 화근이 될 줄은 아무도 예측하지 못했다.

합수부 출범식이 끝나자마자 나는 다른 공무*로 즉시 미국 출장길에 올랐다가 같은 달 7일경 돌아왔다. 그런데 국방부 법무 상관과 합수부팀은 12월 4일 청와대에 보고한 합수부 수사 개시 상황을 서면으로 제출한 보고서에서 나에게 말한 것처럼 수사팀 구성과 관련하여 나와 국방부 수사팀 전원을 빼버리고, 그 대신 팀장에 이○○ 소령을 넣고, 병역비리 수사를 해본 경험이 전무한 각 군 파견 인력으로 수사팀을 구성했다.

나는 그때부터 국방부 검찰부장임에도 '검군합수부 수사' 관련 보고나 결제할 권한이 없어졌다. 나는 법무 상관의 지시에 따라 1998년 12월 1일부터 '김○ 중위 사망 사건'을 전담하는 역할을 수행하게 되었다. 이렇게 합수부에서 배제된 이후 수사나 보고에 관여할 수 없었으므로 최소한 합수부 중간 수사 결과가 발표된 1999년 5월경까지는 구 병무청 합수

---

* 나는 12월 초경 린다김을 만나기 위해 미국으로 출국했다.

부에서 어떤 일이 이루어졌는지 전혀 알 길이 없었다.

그때 이건 아니지 않느냐고 항의했어야 하지 않을까 여러 번 고민하기도 했다. 돌이켜보면 나는 상명하복을 강조한 육사 교육의 희생자였는지도 모른다. 어쨌든 결과적으로 이 말도 안 되는 국방부 검찰부 지휘체계 파괴 지침이 후일 '대한민국호의 역사의 물길을 바꾼 선거공작 사건'의 씨앗이 될 줄은 미처 상상하지 못했다.

당시 단합된 팀워크로 의기투합하여 임무만 주어지면 척척 해냈던 국방부 검찰부 조직을 병역비리 합수부 팀에서 배제한 것은 어떠한 이유로도 정당화될 수 없는 것이었다고 생각했다. 그것은 병역문화를 개선하겠다는 순수한 수사 의지를 꺾고, 동기가 불분명한 자들에게 수사의 중심적 역할을 하게 함으로써 그들의 개인적 의도들을 실현하려는 왜곡된 수사로 변질되게 하는 결과를 야기했다고 나는 생각했다. 그리고 지금도 여전히 같은 생각이다.

어쨌든 이 국방부 검찰부 수사팀 전원을 배제하는 데 직간접적으로 관련된 사람들은 결과적으로 대한민국 역사에서 허위 선거 공작 음모로 대통령 선거 결과에 중대한 영향을 미친 정치공작 세력이거나 그 하수인이거나 조력자라는 역사적 오명을 받아야 한다는 사실을 잊어서는 안 될 것이라는 게 솔직한 나의 심정이다.

어쨌든 나와 국방부 수사팀이 배제된 채 이렇게 구성된 합수부는 1999년 5월경 중간 수사 결과를 발표하고 해체되었다. 당시 수사는 일반 검찰팀이 정말 수고를 아끼지 않았고 성과를 냈음에도 참으로 아쉬운 부분이 없지 않았다. 왜냐하면 실제 수사 결과가 매우 이례적이었기 때문이다. 예컨대 자녀의 병역면제를 위해 한 건에 수천만 원의 금품을 제공한 부모들은 모두 처벌되었으나 건당 수천만 원을 수수하고 멀쩡한 징병 대상자에게 병역면제판정을 해 준 신검 판정 군의관들은 거의 다치지 않았기 때문이다.

1999년 후반기에 나는 원○○ 준위 병역비리 유공 등에 힘입었는지 검찰부장직에서 대령으로 진급하여 용인 3군사령부로 영전했다. 그런데 병역비리 합수부 수사에 대한 잡음들은 계속되고 있었다. 여기서 다 할 수 없는 얘기들이 많지만, 필자가 판단컨대 어느 순간부터 병역비리 수사 사건은 정치적 사건으로 진화하고 있었다.

— 2002년 병풍공작 사건의 전조들

합수부가 해체되고 난 후에도 군은 국방부 검찰부를 중심으로 병역비리 수사를 계속 이어가려고 했다. 그런데 합수부가 해체된 이후인 1999년 5월 하순경 김대업 씨가 국방부 검찰부로 나를 찾아와 자기를 병역비리 수사팀에 합류시켜달라고 했다. 당시 ○○갑 보궐선거 직전인데 거기에 출마하는 정치인 관련 자료를 보유하고 있다고도 했다. 그에게 "나는 민간인 수사권이 없어요. 증거라도 가져오세요"라고 정중하게 거절했다. 그 후 그는 나타나지 않고 내 기억이 맞다면 나를 언론에 공격하기 시작했다.

그 후 1999년 10월경 하루는 국정원 직원이 나에게 와서 A4용지 2장을 보여주면서 아는 것이 있느냐고 물었다. 거기에는 한나라당 전 ·

현직 의원들의 병역비리 의혹이 적혀 있었으며, 그 국정원 직원은 병역비리로 조사받은 한 군의관의 진술서도 가지고 있었다. 어떤 경위로 확보했느냐고 묻자, 그는 누군가가 국민회의 한○○ 의원 사무실에 찾아가 건네준 문서인데, 그것이 국정원에 전달되었는지 상부에서 확인 지시가 내려졌다고 했다. 나는 국방부 수사관 전원을 집결하게 하고 그 국정원 직원 앞에서 그 문서를 보여주며 사실 여부를 물었다. 직원들은 킬킬킬 웃으면서, "그놈, 대단한 놈이네", "살려고 별 지랄을 다하는구만"이라는 등 한마디로 어이가 없다는 반응들이었다. 그 광경을 보고 간 국정원 직원은 두 번 다시 국방부 검찰부에 나타나지 않았다.

그 후 청와대 김○○ 민정비서관 지시라고 하면서 국방부 검찰부가 한나라당 관련 수사자료를 은폐하고 있다며 확인 감사차 청와대에서 사람을 보낸다는 것이었다. 나는 어이가 없어서 관심조차 보이기 싫었다. 합수부 수사에서 부장과 수사관 전부를 배제할 땐 언제고 이제 와 자료를 내놓으라니. 어디서 무슨 자료를 구한단 말인가? 난 자료 제출조차 하지 않았으나, 나중에 들어보니 검찰부 수사관들이 청와대 관심 사항에 대해 사실 여부에 대한 서면 보고서를 작성하여 법무 상관에게 보고했다고 했다.

1999년 12월 무렵 하루는 국방부 ○○실장이 국민회의 임○○ 의원 보좌관이 나의 병역비리 수사 축소 은폐 의혹과 관련한 청와대 보고서를 작성하고 있던데, 그 사람에게 한번 연락해보라고 했다. 그 김모 보좌관을 만났다. 그는 마치 내가 한나라당 비리를 알면서도 수사하지 않고 있는 것처럼 얘기하면서, "부산 ○○병원이 부산지역 병역비리의 온상이고 거기에서 자금세탁 및 한나라당 정치자금이 조성되고 있다는데, 그걸 아는가?"라는 질문을 했다. 나는 정치인 관련 자료에 대해 특별히 확보하거나 수사한 적이 없다고 확인해주었다. 그는 나중에 전화하여 "요로에 확인해보니 고 부장은 강직한 사람으로 사건을 가지고 장난할 사람이 아니라고 하여 청와대 보고서는 걱정하지 말라"는 얘기를 해주었다.

1999년 12월 하순경 내가 제3야전군사령부 법무참모로 보직을 옮기고 난 후, 2000년 1월경 한 언론에 부패시민연대가 제보한 자료라면서 사회 지도층에 대한 수사자료가 많은데, 제대로 수사되지 않았다는 내용이 보도되었다. 한 기자는 용인까지 나를 인터뷰하러 온다는 것이었다. 무엇 때문이냐고 물으니, 나더러 "부패시민연대 건 제보자 아닌가?" 하고 반문하는 것이었다. 그런데 2002년 서울지검에 의한 병풍공작 수사 시 이 부패시민연대 제보자가 확인되었다는 말을 들었다. 그는 과연 누구였겠는가? 어쨌든 당시 보도로 인해 서울지검 서부지청에 군검 합수부가 다시 구성되었다. 이○○ 부장검사와 국방부 검찰단장이 합수부팀이 되어 1년여 이상 병역비리 수사를 계속하기에 이르렀다.

나는 여러 루트를 통해 이 제보자가 그의 시각에서 한나라당이나 특정 대선 후보와 악연이 있었다는 것을 들은 바 있었으나 그 진위 여부는 확인할 수도 없는 것이므로 여기에서 언급하지 않기로 한다. 양해하기 바란다.

— 김대업 씨를 고소하다

대통령 선거가 예정된 2002년 나는 용인 3군사령부를 떠나 다시 용산에 있는 국방부 법무과장직을 담당하고 있었다. 그해는 대통령선거가 있는 해다 보니 연초부터 기자, 군 선배, 학교 동문 등이 나를 찾아와 국민회의는 이회창을 떨어지게 할 10풍을 준비했으니 이회창은 대통령이 될 수 없다고 했다. 노무현이 대통령이 될 거라고도 했다. "이회창 후보 집안 병역비리와 관련하여 문제가 있지 않은가?" 하고 유도하는 일도 있었다. 어떤 이는 협조해주면 장군 진급과 공천까지 책임지겠다고 제안하는 경우도 있었다. 그러나 나는 알고 있는 사실이 없었으므로 모두 거절했다.

나는 1998년 원○○ 준위 사건 수사 시 그의 노트에 적힌 청탁 리스트 수사를 진두지휘했다. 1998년 12월 1일부터 합수부가 해체된 1999년 5월 초경까지는 나를 포함한 국방부 검찰부 구성원 대부분은 병역비리 수사에 관여하지 않았다. 이후 합수부가 해체된 뒤 국방부 검찰부 검찰관들과 수사관들이 병역비리 수사를 간간이 이어갔다. 나중에 듣기로는 1998년 12월 1일경부터 시작된 검군합수부 수사에서는 김대업 씨가 많은 활약을 했다고 한다. 그리고 2000년 서울서부지검 합수부 수사도 있었지만, 나는 이미 용인 3군사령부에 와 있었으므로 관여할 수 없었다. 그런데 민간인 비리를 집중적으로 다루었던 합수부 수사와 전혀 무관한 나에게 도대체 무엇 때문에 이회창 후보 측의 비리에 대해 협조하라는 것인지 이해할 수 없었다. 뭔가 이상한 시나리오가 진행된다는 생각을 떨쳐버리기 어려웠던 것이 사실이다. 그때부터 극도로 몸과 언행을 조심

했다.

2002년 6~7월경에 이르러서는 유○○ 검찰관이 국방부로 보직될 것이고, 그러면 1998년 병역비리 수사 시 사건을 축소 은폐한 혐의가 있는 고석 대령이 다칠 것이라는 흉흉한 소문도 들려왔다. 나는 촉각을 곤두세우고 열심히 일만 했다.

마침내 2002년 8월 중순경, MBC 9시 뉴스에서 특종 보도로 내가 거론되었다. 요지는 합수부 정보원이라는 김대업 씨가 1999년 3월 하순에서 4월 초경 피의자 김도술로부터 이회창 후보의 아들이 금품을 주고 병역면제를 받은 비리를 진술받아 당시 수사팀장인 나(고석 중령)에게 보고했는데, 내가 수사를 은폐했으며, 심지어 도끼로 캐비닛을 깨고 그 수사기록을 강취하여 파기했다는 내용이었다.

나는 1998년 12월 1일부터 1999년 5월경까지 진행된 합수부 수사팀에서 배제되어 있었고 김대업 씨와 일한 적도 없다. 그는 나와 아무런 상관도 없는 민간인일 뿐이다. 그런데 그가 나에게 어떤 경위와 절차로 구병무청 건물 등에서 국방부 검찰부로 출입했고 검찰부장 방에까지 들어와서 보고를 했단 말인가? 참으로 어이가 없는 허위 보도였다. 합수부가 출범한 1998년 12월 1일부터 수사 결과가 발표된 1999년 5월 초까지 내가 합수부에서 배제되어 있었다는 것은 합수부 구성원 전원이 알고 있는 변할 수 없는 역사적 사실이 아닌가? 나는 지체없이 바로 다음 날 일찍 김대업 씨에 대해 민사 소송과 형사 고소를 했다.

그런데 MBC 보도가 나가자마자 오마이뉴스가 기다렸다는 듯이 연일 관련 기사를 쓰며 허위 사실을 증폭시키고 있었다. 이어서 참여연대 장유식 변호사는 나를 직무 유기 및 공용서류손괴 등의 혐의로 국방부에

고발장을 제출했다. 그 장면이 전국에 보도되었다. 이어서 국회 국방위원회와 법제사법위원회가 나를 청문회의 증인으로 채택했다. 연일 방송에서 떠들어댈 예정이었다. 보이지 않는 어떤 세력에 의해 시나리오대로 공작은 착착 진행되고 있었다. 대통령 선거 불과 4~5개월 전이었다.

이렇게 어떤 세력인가가 주도한 2002 대선 병풍공작의 음모의 먹구름이 서서히 드리우고 있었다. 그런 사실을 알 리 없는 나는 영문도 모른 채 나와 일면식도 없고 아무런 관계도 없는 이회창 후보와 관련된 국회 국방위원회와 법사위원회의 증인으로 채택되어 정말 터무니없는 질의로 고통을 받아야 했다.

검찰부장직을 지낸 내가 마치 무슨 큰 의혹과 비리에 연루된 것처럼 부각되었다. 대통령 선거를 앞두고 국민을 현혹하여 대통령 선거 승리라는 정치적 목적을 달성하려는 정치공작세력의 희생양으로 조리돌림 당했던 것이다.

법사위 청문회에서는 집권당 의원들은 김대업 씨 등의 주장을 인용하여 "도끼로 캐비닛을 깼다"며 나를 비난했다. 심지어 "기무사에 정보를 누설했다는데, 기무사 간부와 사조직이라도 만든 게 아닌가?", "왜 인생을 그렇게 사는가?"라는 등 근거 없는 허위 사실로 나를 몰아붙였고, 아무런 힘이 없는 나는 인격과 인생 전체가 여지없이 난도질당하고 짓밟혀지는 수모를 인민재판 받듯이 전 국민 앞에서 생방송으로 매도당해야 했다.

더욱더 기가 막힌 것은 1998년 12월경 김○ 중위 사망 사건 담당검찰관으로 임명된 후 1999년 3월 하순에서 4월 초순까지 김○ 중위 수사결과 보고서 작성으로 국방부 검찰부 사무실에서 나와 함께 컴퓨터 작업을 하던 유○○ 검찰관이 김대업의 허위 주장이 진실에 부합한 것 같은 취지로, 검찰부장인 내가 부하 검찰관인 그에게 문제의 병역비리 관련 자료들을 보여주었다고 청문회에서 증언한 것이다. 그는 도대체 왜 무슨 이유로, 어떤 경위로 그런 증언을 하는지 참으로 의아하게 생각되었다. 누구의 사주를 받아서 어떤 거래를 하여 그런 엉터리 답변을 하는지 천벌받을 일이라고 생각했다. 대선 정치공작세력의 거대한 음모를 면전에서 피부로 느꼈다. 모골이 송연해졌다.

지금도 분명하게 얘기할 수 있는 것은 최소한 나와 관련하여 당시 국회의원들이 제기한 의혹들은 모두 허위 사실이고 음모였다. 나는 억울한 일을 당하면서 이것은 대통령 선거를 목전에 두고 국민을 속이려는 음모요, 정치공작임이 분명하다고 확신했다.

결과적으로 5년 후의 대법원 판결과 김대업 씨의 공개적인 사과 발언으로 2002 병풍공작 시나리오는 근거 없음이 확인되었다. 유○○ 검찰관의 증언은 내가 생각할 때 명백한 위증이었다. 군인이자 법집행을 하는 법조인인 군법무관은 정치적 중립의무가 있을 뿐 아니라 어떤 경우라도 국민 앞에 위증을 해서는 안 된다고 생각한다.

— 나의 진술조서가 누락되어서는 안 된다고 생각했다

서울지검 특수부의 소위 병풍 사건 수사팀의 수사에서도 괴이한 일들이 벌어졌다. 나는 김대업 씨에 대한 고소인임에도 서울지검에 소환되어 그들이 사전에 마련해둔 포토라인에서 죄인처럼 사진이 찍히게 되었다. 내가 소환조사를 받는 이미지는 신문, 방송, 듣지도 보지도 못했던 인터넷 매체까지 연일 쏟아지는 기사에 이용되었다. 내가 병역비리와 관련하여 마치 무슨 큰 내막과 의혹을 감추고 있는 것처럼 오해하도록 반복적으로 그 이미지가 언론을 통해 전국적으로 방영되었다. 있지도 않은 사실도 사실인 양 보도하며 나의 부도덕함을 부각시키는 데 혈안이 되었다.

비록 참여연대가 나를 고발하여 나도 피고발인 신분이긴 했지만, 나는 엄연히 현역 군인 신분이므로 나에 대한 소환이나 수사 권한은 군검찰이 행사할 수 있을 뿐 민간 수사기관인 서울지검에서 나를 포토라인에 세울 수는 없는 일이었다. 누군가가 아주 악랄한 기획을 한 것이었다. 서울지검에도 공작세력이 도사리고 있었던 것은 아닐까 하는 강한 의심이 들었다.

그러나 나는 추호의 약점이나 잘못도 없었으므로 서울지검 포토라인에 서서 기자들의 질의에 "좌로나 우로나 치우치지 않고, 있는 사실 그대로 수사에 협조하겠다"고 담담하게 말했다.

가족들과 시골의 홀어머니는 TV 화면에 아들이 매일 이상한 사람으로 매도되는 것을 접하고 그때부터 식음을 전폐하는 상황이 되었고, 결국 어머니는 몸져눕게 되었다. 나는 나쁜 검찰관으로 낙인찍혀 주변 사람 보기가 너무 창피하고 하루를 버티기도 힘들었으나, 어머니가 쓰러지셨다는 말을 듣게 되자, 내 어린 자식들에게 결코 약한 모습을 보여서는 안 된다는 생각뿐이었다. 집안의 기둥으로서 광기에 찬 회오리 속에서 나 자신을 지켜야겠다는 일념뿐이었으며, 어떠한 압력이 오더라도, 앞으로 어떠한 어려움이 닥치더라도 그들이 말하는 것처럼 '청부살인' 당하는 한이 있더라도 이 땅의 군인으로서 당당하고 떳떳하게 처신하리라고 굳게 결심했다.

수사업무를 직접 해본 나로서는 도저히 이해할 수 없는 해괴한 일도 있었다. 검찰 수사팀은 7시간 이상 나를 심문하여 진술조서를 받고 나서 나를 잠깐 밖에 나가 있으라고 했다. 30분 정도 지났을 무렵, 담당 수사관은 놀랍게도 컴퓨터가 날아가서 복구가 안 되는 상황이라고 했다. 담당 검사는 한술 더 떠 이것은 누구를 처벌하기 위한 수사가 아니라 확인하는 수사라며, 고 대령에 대한 조사는 이것으로 끝이니 그냥 나가라는 것이었다.

나는 너무나 황당했다. 내가 고소한 사건인데 나의 진술조서를 신경 쓰지 말라니 말이나 되는 소리인가? 만일 나를 다른 고소 사건의 참고인으로 불렀다면 나의 진술은 반드시 수사기록에 포함되는 것이 마땅하다고 생각했다. 고장이 났으면 다음 날 수리한 후 와서 서명하라고 하면 될 일 아니던가? 나는 이 땅의 시민이자 법 실무자의 한 사람으로서 합수부에 참여한 100명이 넘는 합수부 구성원들 중에서 유일하게 사실을 말하고 있는 사람은 나뿐이라는 절박감에서 나의 진술조서가 수사기록에서 제외되는 것을 방치하는 것은 한국의 검찰 업무에서 말도 안 되는 일이라 생각했다. 그것을 용인하는 것은 나를 매우 비겁한 사람으로 만드는 것이라고 생각되었다.

그날, 집으로 돌아와서 이대로 당할 수는 없다고 생각했다. 한숨도 자지 않고, 수사관의 질문과 내가 한 답을 하나하나 기억해내서 진술조서 형식으로 컴퓨터로 다시 작성하여 복원했다. 그들은 내가 기억력이 좋다는 것을 미처 몰랐을 것이다. 다음 날 서울지검 사건과에 가서 이를 접수하고 영수증을 달라고 했다.

그러자 어디선가 검사실 수사관이 황급히 내려와 검사실로 나를 안내했다. 그제야 수사관은 이제 기록을 복구할 수 있을 것 같다고 했다. 그러더니 컴퓨터에서 그 전날 내 진술조서를 출력해 보여주었다. 나는 다시 그 조서를 일일이 확인한 후 서명 날인했다. 내 진술조서가 병풍 사건의 기록에 편철되었는지는 확인할 길이 없고 알 수도 없다. 왜냐하면 그 이후 김대업 씨와 민사소송을 위해 사실조회를 했을 때도 검찰은 내가 진술한 조서를 보내주지 않았기 때문이다. 그래도 어쨌든 나는 내가 해야 할 일을 했다.

— 병풍공작 가짜뉴스로 국회에서 당한 인격모독적 조리돌림

9월 국정감사 기간이 되자, 나는 다시 국방부 국정감사장에 증인으로 채택되었다. 집권당 의원들이 또다시 시민이자 직업인으로서의 나에 대한 기본적 인격마저 무자비하게 짓밟아버리는 분위기 속에서 나는 또 며칠 동안 시달려야 했다.

국정감사 당일에 맞춰 《월간중앙》은 "분명 고석 대령이 거짓말하고 있다"는 기사를 보도했다. 이 기사는 한마디로 1999년 병역비리 합수부 수사와 관련하여 허위 사실을 적시하여 나의 인격을 짓밟고 매도했다. 기사를 읽는 순간 피눈물이 났다. 언론이 무슨 의도로 있지도 않은 사실을 있는 것처럼 버젓이 쓸 수 있는가? 그 이전까지 나는 순진하게도 언론이 팩트를 기반으로 쓰는 줄 알았다. 그래서 언론이 하는 보도는 그래도 사실에 기반할 것이라는 막연한 기대가 있었다. 그러나 이 기사는 국정감사 일정에 정확하게 맞춰 저질 정치인들에게 먹이를 주고, 국민을 현혹하고, 선동시키기 위해 정치공작세력이 대중에게 뿌리는 전단에 불과하다고 느꼈다.

국정감사 하루 전, 《월간중앙》 기사를 알게 된 나는 인터뷰에 응한 사람으로 합수부 검찰관으로 일한 바 있던 김○○ 판사에게 전화를 걸어 물었다. "당신이 정말로 이러한 내용으로 인터뷰한 것이 사실인가? 나를 그동안 그렇게 못된 사람으로 생각하고 있었나? 수사 과정에서 내 비리를 구체적으로 하나만 말해달라. 그렇다면 나도 김 판사의 생각에 섭섭해 하지 않겠다."

김○○ 판사는 자기도 이용당했다며 나에게 미안하게 되었다고 사과의 뜻을 표했다. 그러면서 그는 ① 월간중앙 기자에게 함정인터뷰 당하게 된 경위, ② 그 기자가 자기와의 대화를 왜곡 과장한 점, 그리고 ③ 그 보도를 통해 노린 것은 고석의 인격을 살해하기 위한 것으로 생각한다는 취지의 경위서를 국방부 대변인실에 제출했다고 했다. 이에 따라 국정감사장에서 《월간중앙》 기사를 이용하여 나를 공격하려는 사람들의 의도는 김이 빠져버렸다. 한마디도 묻지 못했다.

당시 노무현 후보 측 핵심 측근이었던 이낙연 의원은 국정감사장 증인으로 다시 나를 불러 "1998년 7월경에 수사를 돕겠다고 김대업 씨가 군검찰에 왔을 때, 이○○ 검찰관과 대화한 내용을 녹취한 자료가 있다는데, 이것을 내일 아침 국감장에 제출하라"며 자료 제출을 요구했다.

당시는 2002년으로 내가 국방부 검찰부장이던 1998년부터 이미

4년이나 흘러 군 검찰단 수사 자료실에 접근할 수도 없는데, 나더러 어찌 그것을 제출하라는 것인가? 이는 선거전의 중책을 맡은 정치인들과 군법무관들이 긴밀하게 협력하고 있다는 증거로 인식되었다. 근거 없는 모함이라고 가만히 앉아서 당하고 있을 수만은 없었다. 검찰단 수사관들에게 수사 자료실을 한번 확인해보도록 부탁도 해보고 갖은 노력을 다한 결과, 그 녹취록은 전역한 법무 상관이 개인적으로 보관하고 있었음이 확인되었다. 그는 문제의 녹취록을 1998년 7월 검찰부장인 나로부터 보고받고, 이를 천용택 국방부 장관에게 보고한 이후 돌려주지 않고 가지고 있다가 전역 시 이삿짐에 함께 싸갔다고 확인해주었다고 한다.

그 법무 상관은 "내가 잘못하여 고 대령이 고통을 받는 것을 보니 너무 안타깝다. 기도하고 있다"고 하면서 자기가 그 자료를 보관하고 있으니 당장 보내주겠다고 했다. 검찰단 실무자가 그 녹취록을 확보하여 국정감사 시작 10분 전에 원본 그대로 이낙연 의원에게 제출했다. 이 의원은 웬일인지 자료와 관련하여 한마디도 질의하지 않았다.

서울지검 국정감사장에서도 나에 대한 공격은 계속되었다. 아내가 평소답지 않게 곧 죽어가는 목소리로 불안에 떨면서 퇴근 중인 나에게 전화했다. 서울지검 수사관들이 압수수색영장을 가지고 와서 아파트 문을 열어달라고 하여 남편이 올 때까지 기다려달라고 했다는 것이다.

택시를 타고 급히 가보니, 서울지검의 4명의 수사관이 영장을 제시한 후 내 승용차와 집을 샅샅이 뒤졌다. 나는 "대선용 정치공작이라는 점을 알면서도 무고한 가족들까지 이렇게 놀라게 하면 어떻게 하느냐?"고 항의하니, 사실은 서울지검 법사위 국정감사장에서 신기남 의원이 "고석 대령 집에 이정연의 자백자료를 숨겨놓고 있다는데, 검찰은 뭘 하는가?"

라고 질의하여 자기들도 어찌할 수 없다는 것이었다. 수사관들은 아무것도 확보하지 못한 채 빈손으로 돌아갔다.

그런데 압수수색 후 YTN 및 각 언론에서는 "서울지검, 고석 대령 집 압수수색, 다량의 자료 확보. 내용 분석 중"이라는 취지의 가짜뉴스를 며칠 동안 계속 내보냈다. 이런 과정에서 나는 정치인들과 언론이 국민을 속이려고 짜고 치는 고스톱처럼 한바탕 야바위판을 벌여놓고 어떻게 사기를 치는지 똑똑히 알게 되었다.

소설 《1984》의 빅브라더*가 환생했는지, 2002년의 내 사생활이 감시당하고 침해되는 경우도 있었다. 하루는 당시 법무관리관 김○○ 준장이 기무사령관의 요구라면서, 경위서를 작성해야 한다는 것이었다. 내용인즉, 어느 토요일 오후 김○○ 준장의 1010 관용차가 한나라당 당사 앞에 장시간 주차되어 있었으며, 당시 김○○ 준장과 내가 한나라당 김영일 사무총장을 만나고 왔으니, 그에 대한 알리바이를 입증할 경위서를 작성하여 제출하라는 것이었다.

그런데 문제의 그날 그 시간에 나는 10년 지기인 일산의 지인들과 저녁을 먹었다. 그리고 그 후 이동한 장소에서 우연히 당시 노무현 후보 장수천 관련 회계사라고 자신을 소개하는 부산상고 후배인 배○○ 씨 부부 등과 합석한 사실이 있었다. 당시 내가 식사비를 지불한 카드 전표와 그들의 진술서까지 첨부하여 알리바이를 100% 확인해주었다.

나는 너무 억울하고 기가 막혀서 김○○ 준장에게 "이것은 사생활

---

* 1949년 조지 오웰의 소설《1984》에 등장하는 '감시자'를 지칭하는 용어가 일반화된 것으로, 일반 정보를 독점함으로써 사회를 감시 · 통제하는 관리권력 또는 사회체계를 일컫는다.

침해 아닌가? 도대체 기무사령관이 뭐길래 이럴 수 있느냐? 우리를 불법 도청하고 사찰했다는 것 아닌가? 참을 수 없다. 우리가 대정부 전복세력이라도 되는가?"라고 했더니, 그는 당시 청와대 실세의 지시가 있어 기무사로서도 어쩔 수 없었다며 그냥 참자고 하는 것이었다. 이게 말이나 되는 일인가? 이게 만일 사실이라면 병풍공작 세력들은 집권 청와대와 정당, 검찰, 군법무관 등 전방위에 걸쳐 포진해 있었다는 것이 아닌가?

— 진실을 말했다고 인사상 불이익을 받아야 한다니…

2003년 노무현 정부가 첫 번째 장군 승진 인사를 할 때가 왔다. 육군본부 진급심사위원회는 2003년 10월경 나를 그해 육군 준장 진급 추천 대상자로 선발하여 국방부 제청심사위원회에 상신했다.* 내가 갑반, 을반, 병반 3개 반 만장일치의 표를 얻었기 때문이란다. 그런데 국방부 제청 심의 과정에서 다른 사람으로 명단이 바뀌게 되었다.

당시 국방부 인사 차관보가 육군 인사참모부장에게 "상부에서 고석 대령에게 비리가 있어서 진급 추천을 올리면, 바로 그를 구속시켜버릴 테니 알아서 하라고 한다. 그러므로 진급시키면 안 된다"고 했다는 것이었다. 이에 육군에서는 정상적인 절차에 따라 선발된 것인데 그러면 안 된

---

* 육군 장군 심사는 1차 선발심사위원회를 갑반, 을반, 병반으로 구성하여 여기서 1차 선발 심의를 하고, 위 3개의 반에서 모두 추천된 자는 자동으로 국방부 제청심사위원회에 추천되며, 각 반에서 의견이 갈리는 경우에는 최종선발심의위원회에서 선발하도록 되어 있다고 한다.

정치 >

[청와대] '고석 대령' 고민

국방부서 법무감 후보로 추천
병풍수사때 野에 유리한 진술

정우상 기자

입력 2003.07.16. 03:52

가

청와대가 지난해 대선 때 한나라당 이회창(李會昌) 후보 아들의 병역면제와 관련한 검찰의 '병풍(兵風) 수사' 때 당시 이 후보에게 유리한 진술을 했던 국방부 고석(高奭·43) 법무과장(대령)을 육군 법무감으로 발탁해야 하는지를 놓고 고심하고 있다.

이 고민은 지난 9일 국방부 법무관리관과 육군 법무감이 감사원 감사에서 예산전용 지적 등을 받고 직위해제된 데 따른 후속 인사 과정에서 비롯됐다고 한다.

청와대측은 육군 법무감 후보를 국방부로부터 보고받았으나 고석 대령이 가장 적합한 후보라는 내용이어서 고심하고 있는 것.

고석 대령은 지난해 '병풍 수사'와 관련, 1999~2000년 군 검찰 병역비리 합동수사반의 수사 때 이 전 총재의 아들 정연씨 문제를 내사했다는 김대업(金大業)씨의 주장과 달리 이를 부인하는 진술을 했었다.

청와대와 국방부는 현재 고 대령을 현 계급을 유지시킨 채 육군본부 법무감 직무대리로 임명한 뒤 10월 정기인사 때 진급을 재검토하는 방안, 이번에 아예 진급시켜 발령하는 방안을 놓고 검토 중인 것으로 알려졌다. 그러나 경우에 따라 다른 인물이 발탁될 가능성도 없지 않다고 한다.

고 대령은 육사 39기로 1991년 사법시험에 합격했고 그동안 국방부 검찰부장, 3군사령부 검찰감 등의 요직을 거쳤다. 군 내에서는 강직하다는 평과 독선적이라는 평이 엇갈리고 있다고 한다.

정우상 기자 정치부장

기사 전체보기

국방부 검찰단 기록보관소에 있을 것인데, 검찰부 기록을 어디에서 가져오라는 것인가? 가서 직접 찾아보시라"고 했더니, 그래도 청와대 지시라서 어쩔 수 없다는 것이었다.

나는 1998년, 1999년 업무용 수첩 중 1999년 1월경 메모에서 그 내사 기록이 법무 상관에게 보고되었고 그에게 반환받아야겠다고 기재된 부분을 수사관들에게 보여주었다. 그 뒤로 합조단은 더 이상 나에게 연락이 없었다. 이 건도 해결된 듯했다.

한편, 2020년경 당시 위 사건을 수사한 합조단 수사관이던 강○○를 우연히 만나서 놀라운 사실을 듣게 되었다. 2003년경 나를 수사하던 당시 합조단 수사관들은 국방부 검찰단 기록보관실을 며칠 동안 찾은 결과, 문제의 그 내사 기록을 찾아냈다는 것이다. 그리고 그 사실을 2004년 1월경 국방부 검찰단과 청와대 민정수석실에 보고했다는 것이다. 그런데 내가 알기로는 이 사건은 정권이 끝날 때까지 무혐의로 종결되지 않은 채 나에 대한 인사 불이익자료로 활용되었다.

— 군사법 개악 시도를 막아내다

나는 2002년 '병풍공작 사건'에서 사실대로 말했다는 이유로 무려 4년 반 동안 합참에 근무하면서 말로 다 할 수 없는 부당한 대우를 받았지만, 어떤 어려움이 있더라도 내가 반드시 해야만 한다고 생각했던 일은 해야 했다.

참여정부 시절 사법개혁위원회가 발족되었다. 그 대상에 군 사법개혁도 포함되었다. 2004년경부터 국방부 법무관리관실에서는 군사법 개혁법안을 성안하고 있었다. 군검찰법, 〈군사법원법〉을 독립적으로 제정하고, 종래의 군사재판에 영향력을 행사하는 관할관 제도, 심판관 제도 등을 완전히 폐지하는 쪽으로 추진하려는 듯했다.

그러나 육사를 졸업한 야전 전투병과 출신의 군법무관인 나의 시각에서는 여전히 북한의 군사적 위협이 현존하고 있는 상황에서 군 지휘권을 현저하게 약화시키는 방향으로 군사법 제도를 바꾸려는 것은 개혁이 될 수 없고, 군사력을 약화시켜 결국 적을 이롭게 할 뿐이라는 생각에 잠을 이루지 못했다.

군사법 제도의 존치 목적은 군 기강 확립과 사법적 정의 구현에 있다. 후자의 목적 달성을 위해 우리 〈군사법원법〉의 절차조항들은 일반 형사소송법과 거의 동일한 규정으로 되어 있다. 군 기강 확립의 목적 달성을 위해서는 대통령을 정점으로 하는 군통수지휘체계에 신상필벌권이 부여되어야 한다. 이는 구체적으로 군법의 적용, 즉 군인의 범죄 등 군기위반 비행에 대한 훈방, 징계, 인사 조치, 군사재판 회부 같은 의사결정에 있어서 군통수지휘체계가 관여하도록 하는 것이 필요하다는 점을 말하는 것이다. 그래야 대통령을 정점으로 하는 군통수지휘체계가 일사불란하게 작동할 수 있게 된다. 군통수지휘체계가 일사불란하게 작동할 수 있어야 한다는 요구는 대통령이나 군지휘관 개인을 위한 것이 아니라 국가의 안보기능 보장 강화를 위한 것이다.

그런데 일부 개혁 의견을 내는 사람들은 현대에 이르러 군사재판 제도를 운영할 필요가 없어졌다거나 소위 장병 인권 보장이 중요하다는 것을 강조하면서 군사재판 절차에 대한 지휘관의 관여를 완전히 배제하는 것으로 방향을 잡고 있었다. 이는 군사법 제도의 존치 목적을 부정하는 것이다. 대통령을 정점으로 한 군 지휘계통이 군 조직에 대한 신상필벌권을 행사할 수 없다면, 그리고 그것을 군법무관이나 일반 법원 판사들이 행사한다면 군의 임무 수행이 가능하겠는가?

내가 알기로 현재 군사법원을 존치시켜야 할 정도로 대규모의 군을 유지하는 나라 중에서 군사법원을 가질 수 없는 나라는 제2차 세계대전에서 패한 일본과 독일뿐이다. 논리적으로도 군인 등의 징계사유나 보직해임 등에 대해서는 지휘관의 관여 권한을 유지하면서 그보다 훨씬 중요한 형사 범죄에 대해서는 이를 금지 또는 부정하는 근거가 합당하다고 보이지 않는다. 가장 근본적인 문제는 이러한 발상이 우리 헌법의 군 통수권 조항과 불합치한다는 점일 것이다.

국방부는 이와 같은 군사법 개혁법안을 발의하는 절차로서 먼저 정책회의를 열었다. 나는 위원으로 참여했는데 국방부, 합참과 각 군 대표로 참여한 장군 위원들은 개혁 방향이 잘못된 것이라는 생각을 하면서도 개혁안에 대해 누구 하나 입을 열지 않고 침묵으로 일관했다. 그래서 결국 내가 나서서 군사법개혁방안은 군의 안보 기능 수행력을 약화시키는 개악으로 가서는 안 된다는 의견을 냈다. 그러나 개혁안은 정책회의를 통과했다. 2~3스타급 간부들이 무슨 약속이나 한 듯이 몸을 사렸기 때문이다.

얼마 후 국방부 장관이 육·해·공군 참모총장과 합참의장 및 그 법무참모들을 장관실로 소집했다. 만장일치로 통과되어야 하는 군무회의에 앞서서 교통정리를 하려는 의도로 판단되었다. 그는 30여 분에 걸쳐

군 사법개혁 방향을 설명하고는 이것은 대통령의 뜻이니 모두 적극 협조하라는 취지의 지침을 하달했다.

각 군 총장은 할 말이 있으면 해보라는 데도 모두 침묵했다. 참으로 내게는 어이가 없는 광경이었다. 국가를 지키는 직업인으로 별 4개를 달았는데, 더 이상 무얼 바라는 것인지 자기 소신을 말하지 못하는 군 수뇌부가 원망스러웠다.

이번에는 법무참모들에게 한번 얘기하라고 했다. 이번에도 침묵이 흘렀다. 마지막이 내 차례였다. 나는 20여 분 동안 군사법 제도의 존재 목적과 개혁안이 군의 안보 능력을 약화시킬 것이라는 점에 대해 의견을 제시했다. 회의가 끝나자 한 참모총장이 내 어깨를 두드리며 잘했다고 말했다.

얼마 후 국방부 최고 수뇌부로 구성되는 군무회의가 열렸다. 나는 회의석상에서 개혁안의 문제점을 조목조목 지적했다. 그 요지는 다음과 같다.

> "대통령의 군 통수권과 군사법원의 설치 근거에 관한 헌법 태도와 부합하지 않는다. 검찰권을 각 군 지휘관으로부터 박탈하여 민간인인 국방부 장관이 보유하게 하는 것은 지휘권을 약화시킨다. 평시 군사법원을 순회재판소로 하게 되면 전시에 군사법원 운용이 불가능해진다. 통상 부대에서 대형 사고가 발생하게 되면 조속한 부대 기능 회복을 위해 지휘관을 교체하는 조치를 하게 되는데, 장관에게 군 기강 확립 권한이 집중된다면 장관은 몇 개월마다 교체되어야 하는 문제가 발생하

게 된다. 국군조직 운용과 국방 행정의 수장인 장관이 예하부
대 군 기강의 확립 문제까지 감당하게 하는 것은 불합리하다."

결국 군무회의 의결 결과는 육군참모총장 조건부 반대, 합참의장 반대투표를 하여 부결되었다. 만장일치제였기 때문이다. 이로써 군사법 개혁법안은 국방부 문턱을 넘지 못했다. 나는 참여정부 5년 동안 온갖 뒷조사와 보복성 인사로 불이익을 받으면서도 군사법이 개악되는 것을 막으려고 혈혈단신 온몸으로 노력했다.

돌이켜 곰곰이 생각해보면 누가 시킨 것도 아닌데, 내가 왜 나서서 목소리를 내고 행동했을까? 명상하듯 나 자신에게 물어본 적이 있다. 대답은 "내가 하고 싶어 한 것이다"였다. 그렇다. 나는 평소 내가 생각하는 철학, 내가 생각하는 삶의 가치, 내가 생각하는 정의감에 따라 언제나 주저 없이 말하고 행동했다. 나는 그것을 나답다고 생각한다. 어떤 일을 잘되도록 만들기 위해 말하고 행동해야 할 때 나는 그렇게 말하고 행동했고, 어떤 일이 잘못된 것을 잘못되었다고 말하고 행동해야 할 때 나는 그렇게 말하고 행동했다. 나는 이렇게 내가 옳다고 생각하는 대로 말하고 행동하는 것을 나의 사명이라고 생각한다. 그 사명감으로 평생 공직 생활을 했다.

그러나 처음에는 병풍공작 세력의 음해와 탄압으로 어떻게 보면 내 인생에서 가장 힘들고 고통스러운 터널을 지나가고 있던 탓에 사실 나는 많이 위축되고 풀이 죽어 있었다. 그래서 그냥 못 본 체하고 나서지 않고 뒤로 물러나 조용히 죽은 듯 있어야 하나? 생각하기도 했다. 그러나 한편으로 생각해보니 내가 무슨 잘못이 있나? 하늘을 우러러 한 줌의 부끄럼

도 없는데, 어떤 탄압이 들어와도 나는 절대 잘못되지 않는다는 자신감이 있는데, 내가 왜 구석에 처박혀 있어야 하나? 여기까지 생각이 미치자 행동해야 한다고 생각했다. 이럴수록 나는 살아있다는 것을 세상에 보여줘야겠다는 생각이 들었다. 평소 나답게 행동하겠다고 결심한 것이다. 그렇다고 내가 잘난 체하러 나서는 것도 아니고, 군사법 개혁안이 분명히 잘못된 방향으로 가고 있는데, 그걸 그냥 방치하면 나라의 안보가 위험해질 수도 있는데, 여기서 방관하는 것은 국가의 녹을 먹는 공직자의 자세가 아니라는 생각이 들었다. 이때 나서는 것이 공직자의 사명이라 생각했다. 그래서 군사법 개혁법안 반대에 나선 것이다.

— 고난 속에 태어난 서울대 법대 박사학위

나는 군 사법개혁이 우리 헌법과 부합하지 않고 군의 국가안보 기능 수행력을 심대히 약화시키는 방향으로 추진되는 점에 대해 문제의식을 가지게 되었다. 이에 한편으로는 국방부 군 사법개혁안에 대한 나의 의견을 몸을 사리지 않고 개진하는 노력을 하고, 다른 한편으로 나 스스로 군 사법 제도에 대한 이론적 근거를 정립할 필요가 있다고 생각하여 〈한국 군사법 제도의 성립과정과 개편과정〉에 관한 박사논문을 작성하기로 했다. 박사논문을 쓰기 위한 노력은 나에게 한국의 군 사법제도에 대한 이해를 높여주었고, 향후 우리 입법이 어떻게 방향을 잡으면서 개선되어나가야 하는지에 대한 영감을 주었다.

학위논문 심사를 받는 동안 주경야독으로 열심히 했다. 근무하면서 수사도 받고 감시도 받아야 했으니, 시간이나 정성을 온전히 투입할 수 없는 상황이었다. 그런 암담한 상황에서 학위를 받은 것이다. 그런데 학위 수여식 날 성○○ 법대 학장이 나의 아내에게 뜻밖의 얘기를 하는 것이었다. "고석에게 박사학위 주지 말라고 엄청 시달렸는데, 내가 막았다"는 것이었다. 그분 말이 사실이라면 나의 학위논문 심사 과정에까지 방해가 있었던 것일까? 설마 그렇게까지 했을까? 믿고 싶지도 추측하고 싶지도 않은 일이었다.

누가 어떤 이유나 동기로 나의 학위논문 취득을 방해했는지는 잘 모르겠지만, 그래도 나를 믿고 끝까지 외압을 물리치고 박사학위를 준 학장님이 고마웠다. 사방이 어둠 천지였던 당시 내 심정에서 그래도 한 줄기 빛처럼 나에게 도움이 되는 좋은 사람들도 있다는 사실이 고마웠다. 그래서 세상은 살만한 가치가 있다고 생각했다. 어쨌든 정말 불가능에 가까운 심리상태에서 작성된 나의 논문이 수작은 아니지만, 표현할 수 없을 만큼 슬픔과 고난 속에서 태어난 것이라서 나에게는 의미가 크다.

참고로 나의 박사학위논문은 한국의 군사재판 제도가 성립한 경위와 그 개편 과정을 정리해본 것이다. 즉, 한국 최초의 군 사법제도는 해방 이후 미 군정기에 미국 군법 체계를 전수받아 출발한 것이다. 그런데 6.25를 겪으면서 미군 제도가 비상계엄 제도와 결합하여 적용되면서 양형이 지나치게 엄혹해졌다.* 그런데 우리나라의 일반 형사절차는 독법계의 형사소송 제도가, 군사재판 절차에서는 미국 제도가 적용되어 이원화

* 6.25전쟁 기간 3년간 매년 1천 명 정도가 군법회의에 의해 사형판결을 받았다.

됨에 따른 적용상의 혼란 등의 문제가 야기되었다. 1954년 헌법 개정으로 군법회의의 헌법적 근거가 도입되었고, 법률이 정하는 군사재판의 상고심은 대법원이 관할하도록 되었으므로 새로운 입법의 정비가 필요했다. 이에 따라 군법회의법이 국방부 정부 입법으로 발의되어 1962년 국가재건최고회의 의결을 거쳐 한국 고유의 군사재판 제도로 탄생하게 되었다. 이 법률은 군사재판 제도의 존치 목적 중 군 기강의 확립 목적을 고려하여 군사법원의 구성은 지휘관인 관할관의 권한으로 하고 군사적 특수성을 고려하여 재판부 구성에 심판관 제도를 수용했으며 사법적 정의의 실현을 위해 군사재판 절차 전반에 대해서는 일반형사소송을 거의 그대로 받아들였다는 내용을 객관적 자료와 6.25 전후로 한 판결문들을 뒤져서 역사적으로 검증하고 정리해본 것이었다.

나는 국방경비법 시절부터 6.25를 겪으면서 이루어졌던 수많은 군법회의 판결문 등을 검색하느라 국방부 마이크로필름실에서 몇 달을 보냈다. 그 과정에서 찾아낸 소중한 자료들이 나의 논문에 포함되어 있어서 일부 내용은 역사적 · 학술적으로 가치가 있을 것으로 생각한다.

— 정직하고 성실한 조언이 죄가 될 수는 없다

시간이 흘러 노무현 정권 마지막 해인 2007년이 되었다. 내가 합참 법무실장에 보직된 지도 어언 만 4년이 넘어가고 있었다. 법무장교 대령의 보직을 4년씩이나 한 곳에 근무하도록 방치한 경우는 아마도 내가 처

없는 사실임은 100% 명백한 것이었다. 문제는 일어나지 않은 사실은 증거가 있을 수 없으므로 이를 입증해야 하는 입장에서는 어려움이 있을 수밖에 없다. 소송 전략상 나는 본인신문 신청을 할 수밖에 없었다.

법정에서 원고인 내가 피고에게 한 질문은 두 가지였다. 피고 김대업 씨는 적절한 답을 하지 못했다.

(1) "피고는 1999년 3월 하순경에서 4월 초순경 사이에 특정인의 비리 혐의를 김도술에게 자백받고 이를 녹취한 다음, 이것을 원고(고석)에게 보고했다고 주장했다. 그런데 그 녹취 테이프의 시리얼넘버 감정 결과, 그 제작 연도와 장소가 2001년 태국공장에서 제작된 것으로 밝혀졌는데, 그 테이프에 타임머신 기능이 있는 것인가?"

(2) "피고는 원고(고석)가 관련 수사 기록을 폐기했다고 주장하면서, 그 수사 기록은 100여 페이지가 된다고 언론에서 수차례 주장했다. 그런데 특정인의 병적기록표와 김도술의 진술서를 모두 합하면 5페이지 정도가 될 것인데, 나머지 95페이지 수사 기록은 어떤 내용으로 구성되어 있는지 설명을 좀 해줄 수 있는가?"

한편, 2007년 초 3월경으로 예정된 판결 선고일이 순연되더니 우여곡절을 거쳐 내가 미국에 도착한 7월 1일부터 보름 후인 2007년 7월 15일 항소심 선고가 있었다. 이어서 같은 해 11월 15일 대법원 판결도 나

사회 > 법조

'병풍' 김대업씨 1000만원 배상판결

"허위제보로 수사책임자 명예훼손"

신은진 기자

업데이트 2007.07.25. 03:28

가

2002년 '병풍(兵風)'의 주역이었던 김대업(사진)씨가 "이회창 후보의 아들 정연씨의 병역비리 의혹을 수사팀장이 은폐했다"는 허위 제보를 해 수사팀장의 명예를 훼손했으니, 김씨는 1000만원을 배상하라는 판결이 나왔다.

김씨는 2002년 언론 인터뷰 등에서 "1999년 4월 병역비리 수사 당시 병역브로커 김도술씨로부터 '이정연씨 측에서 돈을 받고 병역 면제를 받게 해줬다'는 취지의 진술서를 받았는데, 군 검찰부장이 이를 보고 받은 뒤 폐기·은닉했다"고 주장했다. 이에 병역비리 합동수사 당시 군 검찰부장이었던 고석 대령은 "김도술씨 진술서를 본 적이 없다"며 김대업씨를 상대로 10억원의 소송을 냈다.

1심은 김씨의 배상책임을 인정하지 않았으나, 25일 서울고법 민사9부(재판장 이인복)는 1심을 깨고 "김씨는 1000만원을 배상하라"며 고씨에게 일부 승소 판결했다.

재판부는 판결문에서 "김씨의 제보를 바탕으로 한 언론 기사로 고씨의 명예가 훼손됐고, 제보 내용도 허위라고 볼 수밖에 없다"며 "김씨는 형사 고소와 검찰의 압수수색까지 당하고 신분상의 불이익도 받고 있는 것으로 보이는 고씨에게 정신적 고통에 따른 손해를 배상해야 한다"고 밝혔다.

김대업씨는 2004년 대법원에서 명예훼손과 무고라는 이유로 유죄판결을 받아 1년9개월 동안 복역했다.

신은진 기자

기사 전체보기

의 승소로 최종 확정되었다.

판결 요지는 김대업의 주장에는 근거가 없고, 그 근거가 없는 주장으로 인해 고석이 인사상 불이익 등 피해를 입은 것이 인정되므로 손해배상 책임이 성립한다는 취지였다. 후일 김대업 씨도 방송에서 이회창 후보에 대해 공개적으로 사과했다.

이로써 2002년 병풍공작 사건은 근거가 없는 소위 '선거 사기극'이었음이 더 이상 다툴 수 없는 사실로 확정되었다. 대법원 판결 선고일은 나에게는 2002년 병풍공작 사건이 우리 정치사에 영원히 지워지지 않을 사기극이었음을 역사적으로 확인한 날로 기억될 것이다.

5년이라는 긴 세월 동안 겪었던 고난을 생각하면서 하염없이 눈물이 흘렀다. 즉시 한국으로 돌아가겠다고 전화했다. 고국에서 돌아온 답은 잘못하면 무단이탈이 된다는 것이었다. 나는 그해 대선이 끝날 때까지 미국에 처박혀 있어야 했다.

__ 가시밭길 사이로 사투 끝에 얻은 명예회복

지난 2002년 병풍공작 사건과 참여정부 5년 동안 억울하게 당한 일들을 되돌아보면, 저들이 만든 더럽고 추악한 선거사기극 시나리오에 의해 만들어진 그 험한 가시밭길 위를 지나면서 소낙비처럼 퍼붓는 총탄보다 더 강한 모함들과 청와대 권력에 의한 인권 탄압의 기나긴 터널을 지나온 것이 꿈만 같았다.

선거공작세력들은 언론 공작, 국회 청문회 공작, 서울지검 수사 공작, 이후 군검찰과 헌병 등 모든 수단과 방법을 총동원하여 나를 짓밟고 파멸시키려고 했음에도 나의 털끝 하나조차 건드리지 못했다. 얼마나 바보처럼 털었기에 먼지 하나도 나지 않는단 말인가? 그것은 내가 조상의 묫자리 덕을 타고난 사람이어서 천운이 있기 때문이거나 아니면 그동안 나에 대한 모든 공격이 명백한 거짓에 기반을 둔 모함이거나 둘 중 하나일 것이다.

법무관으로서 재직 기간 동안 단 한순간도 원칙에 벗어난 일을 하지 않으려고 노력했다. 삼겹살 한 점이라도 얻어먹지 않겠다는 마음으로 늘 긴장하면서 살려고 애썼다. 아무리 털어봤자 결과는 뻔한 것임을 내가 더 잘 알고 있던 터였다. 무엇보다 아무리 강한 권력이라도 정의롭지 못한 내용과 방법으로 멀쩡한 시민을 핍박하는 것으로는 두메산골의 척박한 환경을 이겨내며 뼈대가 자란 나의 신념과 의지, 군인으로서 나의 정신만은 꺾을 수 없었을 것이라고 생각했다. 나는 인간적으로 감내하기 어려운 그 숱한 고초를 겪으면서도 잡초처럼 되살아났고, 이제는 더욱더 강해졌다.

드디어 나는 2008년도 육군 장군 진급 심사에서 준장 진급자로 선발되어 2009년 1월 1일부로 육사 39기 동기생 중 1번으로 장군을 달았다. 그해 11월 하순경 나는 방사청 법무실장에서 진급과 동시에 육군 법무실장으로 영전했다.

한 달여가 지났을 무렵 연수원 동기생 시절 수원지검에서 4개월 동안 검사시보 실무교육을 같이 받았고, 한때 내가 쥐띠 모임의 캡틴을 할 때 나이가 같아서 종종 어울렸으며, 법률 분야 직업인의 관점에서 내가 늘 신뢰를 보냈던, 당시 대전지검 논산지청장 윤석열 검사가 나의 진급을 축하하러 계룡대 육군 법무실로 찾아왔다.

그는 내가 군법무관 생활 동안 어려운 사건사고에 접할 때마다 늘 자문을 구하던 연수원 동기생 중 한 명이었다. 늘 논리적 설명과 처리 방향 및 전략까지 친절하게 조언해주곤 했다. 많이 바쁠 텐데 군인으로서의 최고 영예인 장군 진급을 직접 축하해주러 와주니 그렇게 고마울 수 없었다.

지원, 병역비리 수사, 무기로비 스캔들 조사, 미군기지 이전 Y작전 지원, 군사법 개악안 저지, 국제심포지엄 창설 등의 성공에서 나는 '하면 된다는 신념의 무한한 가능성'을 발견했다.

그런 신념은 나에게 무에서 유를 창조하는 일에도 겁을 먹지 않고 도전할 수 있는 용기와 자신감을 늘 제공했다. 나는 두메산골에서 지게지고, 리어카 끌고 농사일을 할 때부터 지금까지 "이 세상에 불가능은 없다. 하면 된다"는 신념으로 살아왔다. 이런 생각은 앞으로도 나의 남은 삶에서 그 빛을 발하리라 확신한다.

— 국민을 속이는 정치는 이제 그만! 좋은 정치 위해 한 알의 썩는 밀알이 되고파

2002년 병풍공작의 피해는 나에게 결코 치유될 수 없는 상처였고, 내 인생 전반에 깊은 영향을 끼쳤다. 이로 인한 피해는 단지 나 개인이나, 낙선한 특정 후보나, 특정 정당에 국한되는 일이 아니다. 그것은 우리 헌법, 모든 우리 국민 그리고 미래세대의 삶과 희망, 나아가 우리의 역사 전반에까지 엄청난 부정적 영향을 미치는 결과를 초래할 것임이 분명하다.

나는 그 주체가 누구이든, 어떤 세력이든, 여야를 막론하고 사리사욕으로 벼락출세하고 호의호식하기 위해 국민을 속인다면 그로 인해 우리나라의 정치경제와 사회문화 전반이 받게 될 피해가 너무나 크고, 파멸적일 것이라는 점을 병풍공작의 피해자로서 체험을 통해 알게 되었다.

더욱 심각한 문제는 선거에서 정치공작과 가짜뉴스로 이득을 보려는 특정 세력의 음모가 지금도 계속되고 있다는 것이다. 2017년 대선에서 자행된 드루킹 사건이 그랬다. 지난 대선에서는 허위 인터뷰 조작 의혹 사건이 수사대상이 되어 있다. 지금도 정치공작으로 정권을 찬탈하려는 어떤 공작세력의 음모가 진행되고 있을 것이다.

국민을 속이는 정치는 마치 아무 노력도 하지 않은 사기꾼이 피와 땀과 눈물로써 이룩해놓은 남의 재산을 가로채어 호의호식하는 것과 같다. 더 잘 준비되어 실력과 자질을 갖춘 양질의 정치지도자와 세력이 집권하여 국가를 경영할 기회를 박탈함으로써 우리의 정치, 경제, 사회, 문화, 안보 등 모든 영역에 예측하지 못한 폐해를 초래할 위험이 커지게 되는 것이다. 그런 점에서 정치사기극과 국민을 속이는 공작정치의 궁극적 피해자는 선조들이 피와 땀과 눈물로써 지키고 발전시켜온 우리나라와 우리의 선량한 국민이 될 수밖에 없다.

만약 국민을 속이는 사기극으로 권력 지형이 바뀌는 것을 허용한다면, 그 본질상 우리 헌법이 선언하고 있는 주권재민과 자유민주주의, 선거제도와 국민의 대표 선출권 등을 짓밟는 결과가 되는 것이다. 불의한 권력에 대한 저항권이 허용되듯이, 우리 양심적 시민들에게도 국민을 속이는 정치에 대항하고 싸울 권리가 보장되어 있다.

과거를 단죄하자는 얘기가 아니다. 나는 이미 모든 것을 이겨냈고, 용서했으며, 그 고난들을 나의 성장의 발판으로 승화시켰다. 그러나 잊지 말아야 한다. 결코 잊을 수 없는 얘기다. 국민을 속이는 정치는 누구에게 유 · 불리한지 따지는 것을 넘어 우리 모두를 분열시키고, 우리 모두를 파괴하여 그 피해자로 만들고 만다는 사실을 잊지 말자는 얘기다. 이런 나

제2차 세계대전 이후 신생 독립국 중 세계 10위권의 경제성장과 민주화를 동시에 이룩한 전 세계 유일무이한 나라를 만들었다.

자유민주주의 대한민국의 국민이라는 무한한 자부심을 가져도 좋을 것이다. 우리는 이처럼 자랑스러운 대한민국의 역사를 영구적으로 이어가며, 지속적인 번영을 누리기 위해 자유민주주의와 시장경제체제의 가치와 이념을 수호하고 발전시켜야 한다.

— 평화를 지키려면 힘을 키우고 어떤 희생도 불사해야 한다

자유는 거저 주어지는 것이 아니다. 북의 위협으로부터 자유민주주의를 지키는 강력한 안보는 자유와 번영의 전제조건이다. 어떠한 변화의 소용돌이 속에서도 우리의 운명을 결정할 주인은 우리 자신이라는 점을 잊어서는 안 된다. 안보 문제에서 환상을 품고 현실의 문제점을 직시하지 못하면 국가 존망을 위태롭게 한다. 안보 문제를 '현실'에 발을 떼놓고 생각할 수 없다. 국가이익을 위해서는 좌니, 우니 따질 겨를이 없다. 전 세계 정세가 급변하는 시대에 냉철한 현실주의를 바탕으로 안보의 본질적 문제에 접근해야 한다.

우리는 수많은 외세의 침략과 일제 강점기, 6.25전쟁과 민주화 과정을 겪으면서 체험을 통해 "민주주의 체제에서만 자유로운 자기결정권이 보장되고, 좋은 미래와 사회정의를 이룰 수 있다"는 것을 잘 알고 있다. 민주주의를 지키려면 외부의 적과 힘의 균형을 이루는 강한 군대가 필요하다. 북한 정권과 군대는 우리의 자유를 빼앗고, 우리가 그토록 오랫동안 피와 땀으로 쌓아올린 번영을 위협하는 주적이라는 점을 잊어서는 안 된다.

북한은 아직도 겉으로는 대화하는 척하면서 안으로는 핵과 미사일을 개발하며 우리를 위협하고 있다. 그럼에도 그동안 우리는 가망 없는 평화의 희망에 매달려왔다. 지금부터라도 평화를 구걸하던 미몽에서 벗어나 강력한 힘의 배양과 안보태세를 게을리하지 말아야 한다. 언제나 전쟁을 대비하여 안보 능력을 키우는 데 게을리하지 않아야 평화를 얻을 수 있다. 북한에 더 이상 굴종적인 태도를 보이지 말아야 한다. 북핵 문제도, 북한 문제도 당당한 자세로 협상에 임해야 한다. 북한의 도발에 대해서는 단호하게 대응해야 한다.

— 정의와 형평, 예외 없는 법치가 이루어져야 한다

법집행에서 정의는 우리나 내 편을 편들지 않는 것이고, 형평은 우리 편을 다른 편보다 더 유리하게 하지 않는 것에서 출발해야 한다. 예외 없는 법치는 법 적용이 모두에게 정의와 형평의 관점에서 합리적이고 객관적으로 합당하다고 여겨질 때를 의미한다.

법집행에 대해 대립하는 정치세력 간 입장이 다를 수밖에 없겠지만, 어떤 이해관계나 의사결정에서 나와 우리 쪽에 불리하게 하고 있다면 나는 그것을 정의와 형평에 부합한다거나 예외 없는 법치가 구현된 것이라고 본다. 물론 예외 없는 법치는 늘 중시되어야 하지만, 보살핌이 필요한 약자에게 따스한 법치를 부정하는 것으로까지 나아가서는 안 된다.

무엇보다 특권과 반칙이 통용되는 분야나 영역을 허용하는 것은 막아야 한다. 약자를 위한다는 명분으로 자기들 잇속만 채우려는 위선, 내로남불 정치는 안 된다. 정치권력이 불법과 비리 은폐를 위해 사법기관에 압력을 행사하는 일이 없도록 하고, 권력자나 권력기관이 선거에 개입하거나 여론에 관여하는 일도 없도록 해야 한다.

— 국민 대통합의 시대를 열어야 한다

여야를 막론하고 국민을 정직과 성실로써 받드는 노력을 기울여야 한다. 불합리한 법과 제도, 진영과 이념으로 국민을 갈라치기하고, 자기편만 지원하고 반대편의 국민을 부정하고 약탈하려 해서는 안 된다. 다만, 국민을 속이는 정치는 지양하되, 과거를 무조건 청산의 대상으로 삼아서는 안 된다. 과거는 잊지 않되, 어렵더라도 용서하고 미래를 향해 나아가는 노력이 필요하다.

과거를 배척하지 않고, 평화를 위해 일하고, 법을 지키며, 정의에 대한 객관적 기준을 내면화하여 우리의 새로운 정치문화를 꽃피우려는 노력이 필요하다.

우리 사회의 발전은 극단적인 진보 또는 보수를 통해 가능한 게 아니라 지속적인 상호 생존 속에서 가능한 것이다. 진보와 보수를 갈라치기하고 분열시키는 것에서 벗어나 갈등을 치유하고, 보수와 진보를 넘어 하나로 통합하여 우리나라를 정상화하는 것이 중요하다.

정직과 양심의 미덕을 고양하고 거짓과 위선의 정치를 배격해야 한다. 정파를 떠나 진영, 이념, 지역, 세대 간의 분열과 갈등을 조장하는 정치는 이제 종지부를 찍고 모든 지역 모든 계층이 서로 화합하는 대통합이 필요하다. 관용의 문화를 뿌리내리는 노력이 필요하다. 상대 생각이 옳을 수도 있다는 원리를 인정하는 데서 출발해야 한다. 대화와 타협으로 서로 설득하고 또 설득되어 의견을 하나로 모으고, 양보와 타협을 통해 이익을 서로 교환할 줄 알아야 한다.

이를 위해 우리 모두 주권자로서 책임 의식을 가지고 진실을 말하며, 가치를 실천해야 한다. 나의 자유, 나의 이익만이 아니라 우리의 자유, 우리의 이익을 말해야 한다. 말한 바를 반드시 실천하고, 규칙 · 규범을 존중하며, 스스로 절제하고 상대를 존중하여 신뢰와 통합의 수준을 높여야 한다.

— 대통합은 우리 헌법과 국가의 정체성 확립에 뿌리를 두어야 한다

20세기 최대의 역사적 사건은 그 세기 초반에 사회주의(공산주의)가 등장했다가 그 세기가 끝나기 전에 해체 · 소멸 과정을 겪게 되었다는 점이다. 사회주의 세력의 이념은 관념적으로 훌륭할지 모르나 현실에서는

— 미래세대의 희망과 비전, 그리고 노령인구를 위한 정치를 해야 한다

우리가 만들어가는 사회와 국가는 현재 살고 있는 사람들의 것일 뿐만 아니라 죽은 자들의 유산인 동시에, 아직 태어나지 않은 미래세대의 몫이기도 하다. 우리가 자식 세대의 자산을 미리 가져다가 다 써버리는 무분별한 포퓰리즘, 퍼주기 정책, 자원 낭비를 반대한다.

우리의 노력만이 미래세대 발전의 토대가 될 것이라는 점을 인식해야 한다. 박정희 대통령이 "우리의 후손들이 오늘에 사는 우리 세대가 그들을 위해 무엇을 했고, 조국을 위해 어떠한 일을 했느냐고 물을 때, 우리는 서슴지 않고 '조국 근대화의 신앙'을 가지고 일하고 또 일했다고 떳떳하게 대답할 수 있게 합시다"라고 한 것을 되새겨보아야 한다.

오늘 우리 세대가 땀을 흘려 이룩하는 모든 근원은 오늘을 잘살고자 하는 것보다 내일의 세대에게 물려주어 나라의 생명력을 영원하게 만들어가고자 함이다. 교육은 이러한 모든 것의 출발점이다. 교육을 통해 높은 이상과 가치가 후배 세대들에게 전달되어 이 위대한 나라의 생명력을 지탱해줄 바람직한 상속자들이 계속해서 배출되어야 한다.

모든 학생이 골고루 제대로 된 교육을 받을 수 있도록 공교육 제도를 정비 · 강화하고, 사교육의 폐해를 시정해나가야 한다. 특히 도움이 필요한 가정의 자녀들이 마음 놓고 공부할 수 있도록 정부가 재정적으로 이를 뒷받침하는 노력이 시행되어야 한다. 장학제도를 활성화하여 누구나 학비 보조를 받고 졸업 후 갚을 수 있게 해야 한다.

어려운 청년들을 위한 사다리가 재건되어야 한다. 우선 심각한 청년

일자리 문제를 해결해야 한다. 실업은 인간의 존엄성, 자아존중감을 떨어뜨려 국민의 재능과 힘을 낭비하는 일이다. 미래세대와 청년들에게 희망과 용기를 줄 수 있는 획기적인 일자리정책의 수립이 필요하다.

우리 사회의 뿌리 깊은 고질병이 된 젠더갈등은 출생률 제고의 걸림돌 중 하나로 꼽히고 있다. 연구에 따르면 젠더평등 수준이 높고 일 · 가정 양립의 가능성이 큰 사회에서 출생률이 반등했다. 반면 젠더평등 수준이 낮은 국가에서는 낮은 출생률이 지속되는 것으로 나타났다. 젠더갈등 같은 청년 문제에도 관심을 기울여야 한다. 젠더갈등을 줄이고 젠더평등을 통해 출생률을 제고해야 한다. 스토킹으로 처벌될 것이 두려워서 젊은 이들이 교제를 회피하는 경향을 이대로 두면 안 된다.

정부에서 노인지원정책을 위한 기초연금, 돌봄 서비스, 응급안전알림 서비스, 노인장기요양보험, 치매관리지원정책, 사회활동지원, 건강관리정책 등을 시행하고 있다. 각 지자체에서도 노인정책을 다양하게 시행하고 있으며 노인대학, 노인청춘대학 등을 통해 각종 취미활동을 위한 동호회가 활성화되고 있다.

이에 더하여 인력 부족 현상에 대비하기 위해 노인들의 전문성을 활용하여 노인 취업 기회를 확대하고, 건강, 의료와 의식주에 대한 최소한의 보장이 필요하다. 행복한 삶의 질 향상을 위해 필요한 획기적이고 다양한 프로그램을 지속적으로 발굴하는 노력이 필요하다.

3

시급히 해결해야 할 몇 가지 현안에 대해

— 국군조직법 개선 등 국방 개혁의 필요성

오늘날 세계최강의 미군이 있는 것은 과거 월남전 패배에 대한 반성과 교훈으로부터 미 국방조직의 편성과 임무 및 기능들을 더욱 효율적이고도 효과적으로 개선해왔기 때문이다. 우리의 경우는 1인당 국민소득이 100달러도 안 되던 시대의 〈국군조직법〉 체계가 거의 그대로 유지되고 있다고 해도 과언이 아니어서 개혁이 시급하다.

첫 번째 예로, 미국 헌법은 전쟁 권한과 관련하여 대통령에게 총사령관으로서 전쟁수행권(War Powers)을 주고, 의회에 전쟁선포권을 부여했다. 그러나 미국이 고립주의를 탈피한 이후에는 세계 전역에 미군이 퍼져 있는 관계로 전쟁 선포 없이도 전쟁을 수행하는 경우가 많아지고, 이에 따라 대통령과 의회의 권한이 불분명해지는 문제가 있었다. 이에 1973년 미 의회는 전쟁권한결의안(War Powers Resolutions)을 통과시켰다. 여기서 대통령은 미군이 투입되거나 외국에 배치된 미군이 증원될 경우, 48시간 이내 의회에 문서로 통보하도록 하고, 의회가 60일 이내에 전쟁을 선포하거나 병력투입을 승인하지 않으면 군사 투입을 중단하도록 하는 제한을 마련했다. 이 기간은 1회에 걸쳐 30일 동안 연기가 가능하다.

다음으로, 미군은 1980년대에 해외 소규모 작전에서 잇달아 문제가 발생했다. 1983년 그레나다 침공작전, 1982년 레바논 베이루트 테러와 관련해서 미군의 작전 지휘에 문제가 나타난 것이다. 당시 미군은 각 군과 정보기관끼리 정보교류가 원활하지 못하는 등 합동성 문제가 드러난 것이다. 이에 대해 미국 의회에서 이를 개선하기 위한 국군조직개혁법안이 추진되었다. 당시 미국 상원군사위원회 보좌관인 로처(James R. Locher 3)의 주도로 국방개혁에 대한 보고서가 발간되었고, 이후 골드워터니콜스법(Goldwater-Nichols Act)이 통과되었다. 이를 '합동성 법안'이라 부른다. 골드워터니콜스법 제정을 통해 합동참모의장, 통합사령관의 임무와 지휘체계가 더욱 명확하게 확립되어 각 군에 대한 통제가 가능하게 되었고, 군사 작전이 합동참모의장을 중심으로 이루어졌으며, 작전 시에는 통합사령관의 지휘 아래 각 군 제대가 움직이게 되었다.

우리나라의 경우를 살펴보면, 노태우 정부에서 8.18 개혁 이후에 현재까지 군 구조에 대한 제대로 된 개혁이 실현되지 못하고 있다. 노무현 정부 시절 골드워터니콜스법을 벤치마킹하여 〈국방개혁에 관한 법률〉을 제정한 바 있으나, 미국의 경우처럼 국방조직체계의 기능수행력을 강화하는 데 맞춰졌다고 보기에는 매우 미흡한 내용이다. 그동안 모든 정부는 국방개혁안을 세워 노력하고 있지만, 가장 중요한 의미를 지니는 국방조직의 체계와 군구조에 대한 개혁 작업은 그 성과를 내지 못하고 있다.

우리나라는 2010년 3월 26일 천안함 피격 사건과 2010년 11월 23일 연평도 포격도발 사건을 계기로 군구조 개혁 논의가 일어난 적이 있다. 이명박 정부 당시에 국방개혁 307계획을 마련하여 합동참모의장의 권한을 강화하기 위해 의장에게 군정권과 각 군 총장에 대한 작전지휘권을 주는 방안을 제시했으나, 시행되지 못했다.

군 구조개혁의 쟁점은 군 지휘체계를 통합할 경우, 합동참모의장의 권한이 너무 커진다는 우려다. 이는 육 · 해 · 공군의 이해도 얽혀 있어 각 군 총장의 권한이 약해질 수 있다는 우려다. 이렇게 개혁이 이루어지지 못하다 보니 우리 군의 현실은 군이 전쟁을 하기에 복잡하고 방만한 조직이 되어버렸다. 연합사와 합참, 각 군 총장의 지휘체계가 군정과 군령으로 나뉘어 있어서 평시체제와 전시체제가 복잡하게 얽혀 있다.

각 군 본부에는 우수한 중령급 장교들이 서로 근무하려고 한다. 인사권을 총장이 갖고 있기 때문이다. 이에 반해 최전방은 중 · 소위들이 GOP를 지키고 있다. 비대해진 각 군 본부를 경량화시켜야 한다. 싸울 수 있는 군조직이 되어야지 보고서 쓰고 행정만 하는 조직이 되어선 안 된다는 의견이 많은 이유다.

또다시 큰 국지도발이나 위기 상황을 겪고 나서 군구조 개혁에 나서는 것은 너무 시기가 늦고 무책임하다. 정말 싸워 이길 수 있는 군구조 개혁을 다시 설계해서 전쟁에 대비해야 한다. 미국의 골드워터니콜스 법안을 벤치마킹할 필요가 있다.

— 군사법 제도 재검토

군사법원은 군대의 역사와 함께해왔다. 로마 시대의 군사재판소(magistri militum)에서 그 기원을 찾기도 한다. 동양에서는 중국의《사기》에 '군정(軍正)'이라는 직책이 나오기도 한다. 군사법원이 군에 존재했던 이유는 바로 군 지휘권의 확립이다.

전시와 평시에 군대는 군기가 살아 있어야 한다. 그런데 여기서 군기라는 게 지휘관의 덕과 인품에만 의지하기에 현실은 그렇지 못하다. 당장 힘든 훈련이나 죽거나 위험한 임무를 수행하기보다는 벗어나고 싶어하기 마련이다. 즉, 감옥으로 도피가 일어날 수 있다. 차라리 범죄를 저질러서라도 전장에서 벗어나고 싶어 하는 것이다. 그러니 지휘관이 군에서 일어나는 범죄에 대해 직접 처벌하고 관여할 필요가 있다.

전시에는 전시군사법원과 계엄군사법원이 설치된다. 특히 계엄군사법원은 민간인의 범죄에 대해서도 재판하게 된다. 전시에는 민간 수사기관과 법원이 운영되기 어렵기 때문이다. 6.25전쟁 당시 북한의 갑작스런 남침에 민간 검찰과 법원의 기능은 한순간에 무너졌다. 모두 피난을 가버린 것이다. 전시와 국가 위급상황에서 군사법원이 치안확보를 담당하게 된다.

이러한 점에서 군사법원의 존치목적은 바로 군 기강 확립에 있고, 군 통수권을 보좌하는 기능을 수행하기 위함이라고 설명한다. 따라서 군사법원은 민간법원과 달리 보아야 한다. 이에 대해 미국의 남북전쟁 당시 북군 장군이었던 셔먼(William T. Sherman) 장군이 했던 말을 참조할 만하다.

"민간법원의 목적은 사회의 모든 사람이 자유, 안전, 행복을 가능한 한 지키기 위한 것이라면, 군법의 목적은 강한 사람들로 구성된 집단을 국가의 목적하에 사용될 수 있도록 통솔하기 위한 것이다."

군사법원이 우리나라에서 개혁의 화두가 되기 시작한 것은 노무현 정부 때였다. 법조계에 대한 사법개혁의 일환으로 군 사법개혁이 논의된 것이다. 당시에는 군 지휘권에 대한 약화 우려로 군 사법개혁 법안이 17대 국회에서 통과되지 못했다.

계혁안은 좌초되었지만, 국방부는 군사법원의 운영을 합리화하고 전문가들의 의견을 반영하기 위한 많은 제도 개선을 이루었다. 사단급 군사법원을 폐지해서 군사법원에 대한 관할관은 군단급 이상으로 올렸고, 군판사와 군검사가 직접 교류하지 못하도록 한 것 등이 그 대표적인 예다. 필자는 고등군사법원장으로 재직할 때, 고교 모의군사재판 경연대회를 최초로 실시하여 국민과 함께하는 법원이 되기 위해 노력했다.

그러나 문재인 정부 시절에 다시 군 사법개혁이 등장했다. 당시 민주당은 대통령 공약사항으로 발표하고, 문재인 정부 출범 이후 2018년 2월 12일 군 사법개혁 과제를 발표했다. 여기서 고등군사법원을 민간으로 이양하고, 관할관 및 심판관 제도를 폐지하는 내용을 발표하여 〈군사법원법〉 개정을 추진하게 되었다.

이러한 개정안은 군 현실에 맞지 않는 것으로 문제가 많아 많은 비난을 받을 게 분명했다. 그러나 2018년 3월 26일 당시 조국 민정수석이 청와대에서 대통령 개헌안을 발표하면서 평시 군사법원을 폐지하겠다고 발표했다. 불과 1개월 만에 청와대는 평시 군사법원 폐지 카드를 꺼낸 것이다. 이로 인해 국방부와 군 내부에서는 고등군사법원을 폐지하는 군 사법개혁 과제에 대해 반대하기 어렵게 되었다. 왜냐하면 대통령의 의지가 평시 군사법원 폐지이기 때문에 전체 군사법원 폐지보다는 고등군사법원 폐지라도 해야 하는 입장이 된 것이다. 고등군사법원을 폐지하는 〈군사법원법〉 개정안이 정부 입법으로 국회에 발의했지만 20대 국회에서 통과하지 못하고, 21대 국회에서 다시 추진되었다.

한편, 2021년 5월 공군 여중사 사망 사건이 발생했다. 이 사건의 영향으로 국회 법사위에서 〈군사법원법〉 개정안이 논의되었다. 법사위에서 논의하는 과정에서 당시 원안에는 없었던 성범죄, 입대 전 범죄, 사망원인 범죄(민간 이관 범죄)에 대해서는 군의 수사권과 재판권을 모두 배제하는 내용이 추가되어 2021년 9월 24일 〈군사법원법〉이 개정되어버렸다. 이로 인해 현재 군사법원은 고등군사법원이 폐지되어 서울고등법원으로 이관되었고, 심판관과 관할관 제도가 평시에 폐지되었으며, 민간 이관 범죄에 대해 관할을 상실하게 되었다.

문재인 정부에서 개정된 군 사법개혁은 다음과 같은 문제를 야기했다.

첫째, 고등군사법원 폐지는 헌법에 반할 소지가 다분하다. 군사법원은 〈헌법〉 제110조 제1항에서 "군사법원을 둘 수 있다"고 명시하고 있다. 이 헌법 조문은 1954년 11월 29일 제2차 개정헌법에 규정되어 있었고, 이는 헌법 개정 전인 〈국방경비법〉과 〈제헌헌법〉 제100조에 의해 군사법원이 운영되도록 되어 있었다. 여기다가 〈헌법〉 제110조 제2항에서 "군사법원의 상고심은 대법원에서 관할한다"고 규정되어 있어서 항소심까지는 군사법원이 관할하는 것으로 해석하는 것이 헌법에 부합한다. 고등군사법원을 폐지하는 것은 〈헌법〉 제110조에 반하는 결과가 된다.

둘째, 민간 이관 범죄의 기준이 불합리하다. 당시 국회에서 무조건 군사법원을 폐지하자는 의견이 제시되자, 타협하는 수준에서 군사법원의 사건 건수 30% 수준으로 민간으로 넘기는 것으로 협의되어 결국 성범죄, 입대 전 범죄, 사망의 원인이 된 범죄를 법원으로 이관하도록 협의한 것이다. 납득할 수 있는 기준이 있는 것도 아닐 뿐만 아니라 군 기강에 가장 중요한 성범죄, 사망 사건 관련 범죄들이 모두 민간에 이관되어버렸다. 특히 이러한 식의 범죄 이관은 형사절차에 심각한 문제를 야기하고 있다. 군인이 저지른 범죄에 따라 관할이 바뀌니 그 절차 운영에 대혼란이 야기된다. 또한 군에 복무하는 장병들이 수시로 민간 수사기관의 수사나 법원의 재판을 받으며 군 복무를 해야 하는 상황이 된 것이다.

셋째, 사실상 평시군사법원이 폐지된 것이나 마찬가지에 이르렀다. 이는 지휘관의 지휘권 확립에 심각한 문제를 초래할 가능성이 있다. 부하들의 신상에 대해 일일이 파악해야 할 지휘관들의 정보가 부재하게 된다. 이는 위험하고 힘든 임무, 실제 작전에 투입할 병력을 고르거나 지휘할 간부와 제대를 선정할 때 잘못된 판단을 할 수 있다. 부하들도 지휘관의 명령에 대해 따를 것인지 의심을 할 수밖에 없는 상황이다. 왜냐하면, 부대의 훈련과 작전은 언제나 형사상 문제를 초래할 수 있기 때문이다. 내가 하는 임무로 인해 일어날 사고에 대해 지휘관이 전혀 관여할 수 없다면, 믿고 따르기가 어려워지는 것이다.

넷째, 군사법원을 단순히 민간법원으로 보는 잘못된 시각에서 비롯된 것으로 개혁이라고 보기 어렵다. 군사법원은 군 통수권의 보좌 기능을 수행하는 것으로 군사법원도 부대에 속해있는 부대라고 할 수 있다. 전쟁이 발발하면 전장을 함께 따라다니며 이동하는 부대다. 월남전 때도 군사법원이 베트남에 설치되었고, 월남파병 당시 군사법원에서 42명에 대한 사형판결이 내려졌다. 군사법원의 기능과 본질을 모른 채 그저 민간법원처럼 만들고자 하는 시도는 결국 군을 약하게 만드는 원인이 될 것이다.

우리 헌법은 국회에 군 조직의 대강을 편성할 권한을 부여하고, 사법부에는 군사재판의 상고심에 대한 관할권을 주었으며, 군의 통수 지휘에 관해 대통령에게 군 통수권이라는 권한을 주었다. 대통령에게 군에 대한 통수 권한을 부여한 것은 헌법의 수호, 국가의 독립, 국민의 생명과 재산을 보호해야 할 막중한 헌법상 책무가 부여되어 있기 때문이지 대통령의 특권을 보장해주기 위한 것이 아니다. 대통령의 군 통수권 행사는 국군조직의 지휘계통을 통해 행사된다. 그런 점에서 군 사법개혁의 방향은 어떤 입법도 대통령의 군 통수권 행사를 제약하는 방향이 되어서는 안 된다. 따라서 군사법원은 헌법상 군에 대한 3권의 권한과 제도의 존치목적을 감안하면서 그 범위 내에서 합리적인 내용으로 제도 개선이 다시 이루어져야 한다. 지휘권의 약화를 막아야 하고 민간 이관 범죄로 인해 수사실무상의 어려움과 혼란이 최소화되도록 조속한 재정비가 필요하다.

문재인 정부에서 이루어진 군 사법개혁에 대해 재평가하기 위한 국회 특위가 반드시 필요하다. 단순히 개혁법안을 통과시키고 모른 체할 게 아니라 그에 대한 재평가를 통해 잘된 점과 잘못된 점을 판단해보아야 한다. 그게 책임 있는 국회의 역할이라 할 것이다.

에필로그

이상으로 두메산골의 한 소년이 오늘에 이르기까지의 삶의 과정을 생각나는 대로 적어보았다. 크게 내세울 것 없는 것인데다가 집필 기간이 불과 3주간에 불과하여 철학적 깊이나 학문적으로 가치가 있을 리도 만무하다. 다만 이 글을 쓰는 기간 동안 줄곧 나 자신에게도 솔직해지려고 노력했다는 점은 꼭 말씀드리고 싶다.

어린 시절의 척박하고 가난한 환경, 그런 환경 속에서도 구김살 없이 성장할 수 있도록 희생과 사랑을 아끼지 않으신 조부모님, 부모님과 형제자매들, 사다리가 되어주신 학교 선생님들, 장학제도와 장학회, 그리고 다양한 우리나라의 교육제도들과 그런 제도 속에서 묵묵히 자기 역할을 수행하고 사랑을 아낌없이 베풀어주신 고마운 분들이 있었기에 오늘날의 내가 있다는 점에 대해 머리가 저절로 숙여진다.

학업과 농사일을 병행해야 했던 넉넉하지는 않았지만 단란하고 행복했던 어린 학창 시절, 호국간성으로서의 심신 단련과 리더십을 키우는

데 노력하며 애국심, 정의감과 백절불굴의 용기를 키웠던 생도 시절, 전투복을 입고 동료들과 어울려 하루하루를 치열하게 보내야 함에도 늘 성취감으로 충만했던 소부대 지휘자 시절, 운명에도 없는 교수가 되기 위해 법학교육을 받고 그것을 계기로 사법시험과 박사학위에 도전했던 열정, 크고 작은 공직을 수행하면서 늘 사관생도 신조를 가슴에 깊이 간직하고 "이익을 보면 정의를 생각하고 위태로움 앞에서는 목숨을 바친다(見利思義見危授命)"는 정신을 가슴으로 실천하려고 했던 숱한 과정들이 주마등처럼 스쳐지나간다.

공직에서 조국 수호와 장병 인권보장 업무를 수행하면서 감당해야 했던 많은 도전과 시련들을 해결함에 나름대로 최선을 다한다고 했지만, 돌이켜보면 만일 다시 그런 기회가 주어진다면 더 잘할 수 있을 것 같은 아쉬움이 없지 않았음을 실감하게 된다. 그러한 아쉬움은 내가 공직을 떠난 이후 변호사로서의 삶을 영위할 때도 마찬가지였음을 솔직히 고백한다.

그런 연고로 이 책을 밖에 내놓는다는 것에 대해 줄곧 주저함이 생겨나고 유지되었던 것이 솔직한 나의 생각이다. 다른 한편으로 이 책을 집필하는 3주간의 시간은 비록 길지 않은 시간이었지만, 나에게는 나를 되돌아보고 반성할 수 있는 황금보다 더 고귀한 의미 있는 계기를 제공해주었다고 생각된다. 이러한 나의 삶에 대한 복기 과정은 앞으로의 삶을 살아감에 있어서 지속적으로 교훈을 제공할 것이고, 가까운 장래에 하고자 하는 나의 새로운 도전과 사명을 완수함에도 적지 않은 시사점을 제공하리라 생각한다.

이 책을 정리하면서 나의 삶을 지탱해온 한 단어를 말하라고 한다면 '애국심'이다. 이것은 '위국헌신 군인본분'을 실천하는 모든 군인에게는 너무나 당연하고 누구나 가슴에 품고 있는 보편화된 생각이겠지만, 나에게 이 단어는 고난과 역경에 봉착할 때마다 내가 어떻게 행동하는 것이 바른 길인가를 인도해주는 나침반 같은 것이었다. 애국심은 내가 무엇이 옳은 일인지를 고민해야 할 때, 어떤 것이 옳다는 확신이 이미 섰음에도 나에게 미칠 이익과 불이익을 따지려는 마음이 일어날 때 늘 나를 감시하고 지켜주는 냉철한 거울이 되어주었다.

나에게 매일 두 번씩 365일을 빠짐없이 4년이라는 기간 동안 사관생도 신조를 읊게 했던 사관학교 교육과정이 없었다면 나는 2002년 병풍공작 사건에서 더 편한 길을 선택했을지도 모를 일이다. 위에 적시한 적지 않은 사례들에서도 마찬가지였다. 결국 애국심은 나에게 안일한 불의의 길보다 험난한 정의의 길을 택하도록 인도했다. 그로 말미암아 어쩌면 제3자의 시각에서 본다면 나 스스로 자초한 선택으로 많은 고난과 어려움을 겪었는지도 모르겠지만, 돌이켜보면 그러한 어려움과 고난이 나를 늘 더 성장하게 해주었고 오늘의 나를 만드는 계기가 되었다고 믿는다. 애국심은 나를 쉴 수 없게 했고 그로 인해 자초한 고난과 고통과 위기는 내가 그것을 극복하는 순간 나에게 새로운 가치와 기회를 제공해주었다.

이러한 연유로 나는 지금은 어떠한 고난과 어려움이라도 두려워하지 않게 되었다고 생각한다. 이제는 절대 회피하지 않고 극복하고 해결하려고 한다. 그리고 나는 그것을 기회로 삼는다. "시련은 있어도 실패는 없다." 고(故) 정주영 회장의 회고록 제목처럼, 앞으로도 어려움과 고난을 하나씩 이겨내면서 더욱더 강해지고 성장해나갈 것이다.

나는 새로운 사명을 안고 도전의 길을 시작했다. 군인과 변호사의 길을 넘어서서 정치인으로서 이제 막 새출발 하려는 것이다. 나는 다시 초심으로 돌아갈 것이다. 애국심에서 시작할 것이다. 나를 지탱해준 애국심은 나에게 또 다른 고난과 시련을 안겨줄지도 모르지만, 나는 믿는다. 애국심은 분명히 나에게 또 다른 모습의 고난과 시련을 강요할 것이다. 그러나 그 고난과 시련들은 또다시 다른 차원에서 훨씬 더 성숙하고 가치 있는 방향으로 나를 성장시켜주고 내가 하는 일을 더 올바르게 할 수 있도록 인도할 것이라는 점을 말이다.

이 글을 마치면서 작은 소망이 있다면 내 성장과 삶의 전 과정이 이 책을 읽는 독자에게 타산지석의 영감을 주고, 가난이나 고난 혹은 역경이나 시련에 직면해 있는 분들에게 작지만 힘과 용기를 불러일으킬 수 있는 동기부여의 의미가 된다면 바랄 것이 없겠다.